Méthode de **français** pour adolescents

3

Pourquoi pas !

Livre de l'élève

M. Bosquet

Y. Rennes

Editions Maison des Langues, Paris

TABLEAU DE CONTENUS

			Tâche finale NOTRE PORTFOLIO	Typologie textuelle
	UNITÉ 1	Bon voyage !	■ Préparer un voyage de fin d'année pour toute la classe.	■ Textes narratifs (cartes postales, sms, blog, forum, bande dessinée) ■ Textes descriptifs (guides et brochures touristiques) ■ Textes conversationnels (dialogues)
	UNITÉ 2	Un problème ? Une solution !	■ Parler des problèmes des jeunes de notre âge au cours d'une émission de radio.	■ Textes narratifs (courrier des lecteurs courriels, blog, forum, extrait de roman, bande dessinée) ■ Textes descriptifs (album photos) ■ Textes conversationnels (situations amicales)
	BILAN 1 et 2		■ Maintenant tu sais... ■ En route vers le DELF ! ■ Test	
	UNITÉ 3	À tort ou à raison	■ Écrire une pièce de théâtre sur le thème de la famille.	■ Textes narratifs (extraits de pièces de théâtre, bande dessinée) ■ Textes descriptifs (extraits littéraires) ■ Textes informatifs (biographie) ■ Textes conversationnels (situations familiales)
	UNITÉ 4	Alors, en forme ?	■ Élaborer un test sur nos habitudes quotidiennes et notre santé.	■ Textes descriptifs (recettes) ■ Textes narratifs (bande dessinée) ■ Textes informatifs (articles de revues de santé et de bien-être) ■ Textes injonctifs (conseils de spécialistes, recettes de grand-mère) ■ Textes conversationnels (dialogues, interviews)
	BILAN 3 et 4		■ Maintenant tu sais... ■ En route vers le DELF ! ■ Test	
	UNITÉ 5	Oui, c'est important !	■ Présenter un exposé sur un thème d'actualité qui nous touche.	■ Textes narratifs (bande dessinée, blogs) ■ Textes informatifs (articles de presse) ■ Textes injonctifs (affiches, slogans, manifeste) ■ Textes conversationnels (dialogues)
	UNITÉ 6	Musique !	■ Réaliser un recueil sur des chanteurs ou des groupes que nous aimons.	■ Textes narratifs (bande dessinée, critiques) ■ Textes informatifs (biographies) ■ Textes rhétoriques (extraits de paroles) ■ Textes conversationnels (dialogues)
	BILAN 5 et 6		■ Maintenant tu sais... ■ En route vers le DELF ! ■ Test	

trois **3**

Comment utiliser Pourquoi pas ! ?

Vous avez entre les mains le Livre de l'élève de **Pourquoi pas !**, la première méthode de français pour adolescents qui propose aux apprenants de réaliser des tâches dans une perspective actionnelle, comme le préconise le Cadre européen commun de référence pour les langues (CECR). Car, comme c'est en jouant d'un instrument qu'on apprend à en jouer, c'est en parlant une langue qu'on apprend à la parler.

Dans chaque unité, l'apprenant aura une tâche à accomplir. Il y parviendra grâce aux outils lexicaux et grammaticaux, aux savoir-faire et aux stratégies d'apprentissage qu'il acquerra pendant le déroulement de cette unité. Pour y arriver, il sera guidé par son professeur.

La perspective actionnelle développée dans ce manuel rend l'élève véritablement acteur de son apprentissage à travers des activités où il pourra pleinement s'impliquer, à l'écrit et à l'oral, individuellement, en tandem ou en groupe.

Dès la première page de l'unité, l'apprenant prendra connaissance de la **tâche** qu'il devra réaliser en fin d'unité et les **outils** dont il aura besoin pour la mettre en place.

Une compréhension orale ? Une activité écrite ? Une stratégie d'apprentissage ? Pour mieux se repérer dans ce livre, voici quelques explications sur les symboles qui y apparaissent au fil des pages :

Ce point rouge indique un échantillon d'échange oral.

● Je pense que...
○ Et moi, je pense que...

Ce pictogramme, accompagné du numéro de piste indique les activités audio du CD.

Monsieur Phonétique illustre les activités de phonétique et de prosodie du manuel.

Cette boussole **Savoir apprendre** indique les stratégies d'apprentissage.

Ce stylo précède un modèle d'activité écrite.

On a besoin de...

Cette colonne fournit les outils nécessaires à la réalisation des activités de la double page. Il trouvera une information plus détaillée dans le **Précis grammatical**.

Quartier libre, c'est le magazine que les apprenants vont retrouver sur une double page en fin d'unité. Comme son nom l'indique, c'est le moment de détente et d'humour composé de nombreux documents authentiques : on y trouve des extraits littéraires, des articles de société et de civilisation, etc. sur la France et la Francophonie.

Matéo et Émilie sont les héros de la bande dessinée de ce troisième niveau. Les apprenants pourront écouter et lire les aventures de Matéo et de sa cousine Émilie, ainsi que de leurs amis dans six aventures différentes. Cette BD est l'occasion d'avoir un contact encore plus direct avec la langue orale actuelle des adolescents français.

Dans ce niveau 3, la rubrique **Notre portfolio** occupe une double page. Sur la page de gauche, l'élève pourra se préparer à la réalisation de la tâche en réalisant un travail préalable ou en retrouvant des outils complémentaires pour une meilleure mise en place de la **tâche finale**. Il peut s'agir d'écrire et de jouer une pièce de théâtre, de faire un exposé sur un fait d'actualité, etc. C'est le moment où les apprenants doivent mobiliser leurs connaissances et les acquis de l'unité. Le succès de la tâche en dépend.

Toutes les tâches de ce livre sont basées sur les recommandations du CECR.

Comment utiliser Pourquoi pas ! ?

Toutes les deux unités, le manuel propose à l'élève de faire le point sur son apprentissage au travers d'un **bilan** qui comprend des activités variées qui reprennent les différentes compétences.

Ils pourront aussi se préparer au DELF scolaire grâce à la rubrique *En route vers le DELF !*

Cette carte fournit aux apprenants des renseignements en français sur la France métropolitaine.

Le **précis grammatical** reprend et complète les contenus linguistiques de la colonne *On a besoin de…* Les points sont traités de façon thématique et le professeur peut s'y référer à tout moment et inciter les apprenants à le consulter quand ils en ont besoin pour leur travail. À la fin de ce précis, les apprenants trouveront **un tableau de conjugaison** des principaux verbes et temps traités dans les unités, ainsi que des remarques sur certaines particularités.

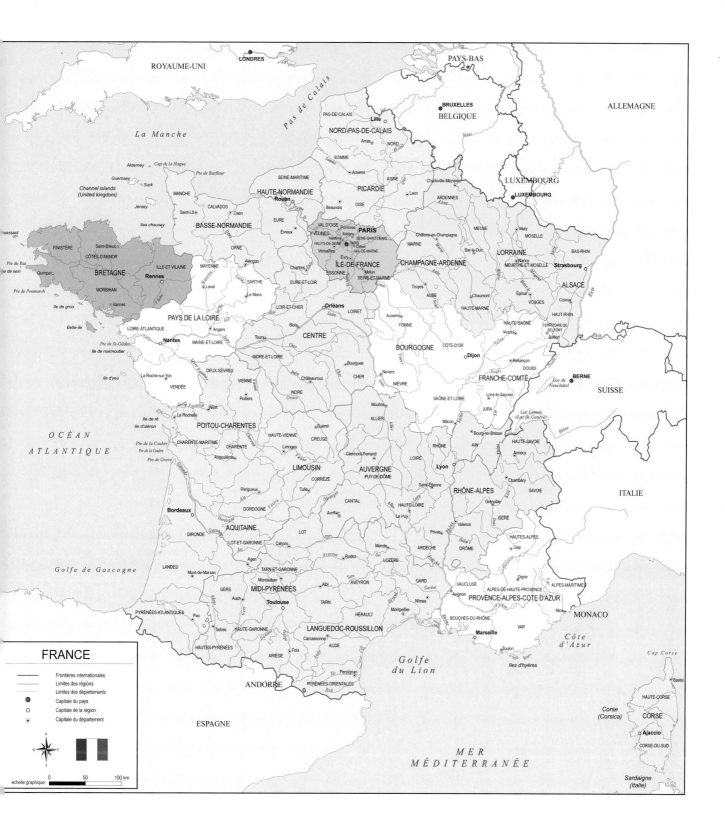

FRANCE

Frontières internationales
Limites des régions
Limites des départements
● Capitale du pays
○ Capitale de la région
⊙ Capitale du département

échelle graphique: 0   50   100 km

ROYAUME-UNI
LONDRES
PAYS-BAS
BRUXELLES
BELGIQUE
ALLEMAGNE
LUXEMBOURG
LUXEMBOURG

La Manche
Pas de Calais
PAS-DE-CALAIS
Lille
NORD-PAS-DE-CALAIS
Arras
NORD
SOMME
Amiens
AISNE
Laon
ARDENNES
Charleville-Mézières
Metz
MOSELLE
BAS-RHIN

Aldemey
Cap de la Hague
Pte de Barfleur
Guernsey
Sark
Channel islands
(United kingdom)
Jersey
Iles chausey
SEINE-MARITIME
HAUTE-NORMANDIE
Rouen
CALVADOS
Caen
EURE
Évreux
Beauvais
OISE
PICARDIE
Châlons-en-Champagne
MARNE
Bar-le-Duc
MEUSE
LORRAINE
Nancy
MEURTHE-ET-MOSELLE
Strasbourg
ALSACE
Épinal
VOSGES
Colmar
HAUT-RHIN

Ouessant
Pte du Raz
Ile de sein
FINISTÈRE
Saint-Brieuc
CÔTES-D'ARMOR
Saint-Lô
MANCHE
BASSE-NORMANDIE
ORNE
Alençon
ILLE-ET-VILAINE
Rennes
BRETAGNE
MAYENNE
Laval
SARTHE
Le Mans
Chartres
EURE-ET-LOIR
VAL D'OISE
Pontoise
PARIS
SEINE-SAINT-DENIS
Nanterre
Bobigny
PARIS
HAUTS-DE-SEINE
Créteil
VAL-DE-MARNE
Versailles
YVELINES
ÎLE-DE-FRANCE
Évry
ESSONNE
Melun
SEINE-ET-MARNE
CHAMPAGNE-ARDENNE
AUBE
Troyes
Chaumont
HAUTE-MARNE
HAUTE-SAÔNE
Vesoul
TERRITOIRE DE BELFORT
Belfort

Pte du Raz
Quimper
Pte de Penmarch
MORBIHAN
Vannes
Ile de groix
Belle-île
PAYS DE LA LOIRE
LOIRE-ATLANTIQUE
Angers
MAINE-ET-LOIRE
Nantes
Ile de noirmoutier
Ile d'yeu
La Roche-sur-Yon
VENDÉE
Orléans
LOIRET
Blois
LOIR-ET-CHER
Tours
INDRE-ET-LOIRE
CENTRE
Bourges
CHER
Auxerre
YONNE
BOURGOGNE
CÔTE-D'OR
Dijon
Besançon
DOUBS
FRANCHE-COMTÉ
Lons-le-Saunier
JURA
BERNE
Lac de Neuchâtel
SUISSE
Lac Léman
(Lac de Genève)

OCÉAN
ATLANTIQUE
Ile de ré
Pte de la Coubre
Pte de la Coubre
Pte de Grave
La Rochelle
Ile d'oléron
POITOU-CHARENTES
CHARENTE-MARITIME
Niort
DEUX-SÈVRES
VIENNE
Poitiers
Châteauroux
INDRE
CREUSE
Guéret
NIÈVRE
Nevers
Moulins
ALLIER
SAÔNE-ET-LOIRE
Mâcon
Bourg-en-Bresse
AIN
HAUTE-SAVOIE
Annecy

Golfe de Gascogne
CHARENTE
Angoulême
HAUTE-VIENNE
Limoges
LIMOUSIN
CORRÈZE
Tulle
AUVERGNE
PUY-DE-DÔME
Clermont-Ferrand
LOIRE
Saint-Étienne
RHÔNE
Lyon
RHÔNE-ALPES
Chambéry
SAVOIE
ITALIE

Bordeaux
GIRONDE
AQUITAINE
Périgueux
DORDOGNE
LOT
Cahors
CANTAL
Aurillac
HAUTE-LOIRE
Le Puy
ISÈRE
Grenoble
HAUTES-ALPES
Gap

LANDES
Mont-de-Marsan
LOT-ET-GARONNE
Agen
Rodez
AVEYRON
Mende
LOZÈRE
ARDÈCHE
Privas
DRÔME
Valence
Digne
ALPES-DE-HAUTE-PROVENCE
ALPES-MARITIMES
VAUCLUSE
Avignon
Nice
MONACO

GERS
Auch
TARN-ET-GARONNE
Montauban
MIDI-PYRÉNÉES
Toulouse
TARN
Albi
GARD
Nîmes
Gardon
BOUCHES-DU-RHÔNE
PROVENCE-ALPES-CÔTE D'AZUR
VAR
Côte
d'Azur

PYRÉNÉES-ATLANTIQUES
Pau
Tarbes
HAUTES-PYRÉNÉES
HAUTE-GARONNE
ARIÈGE
Foix
Carcassonne
AUDE
HÉRAULT
Montpellier
LANGUEDOC-ROUSSILLON
Marseille
Toulon
Iles d'hyères

ANDORRE
Perpignan
PYRÉNÉES-ORIENTALES
Tech
Têt
Golfe
du Lion
MER
MÉDITERRANÉE

ESPAGNE

Cap Corse
Bastia
HAUTE-CORSE
Corse
(Corsica)
CORSE
Ajaccio
CORSE-DU-SUD
Sardaigne
(Italie)

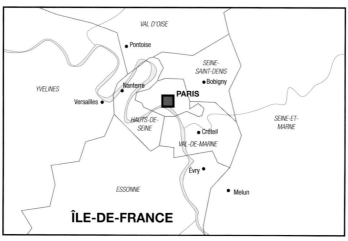

VAL D'OISE
Pontoise
SEINE-SAINT-DENIS
YVELINES
Nanterre
Bobigny
PARIS
Versailles
HAUTS-DE-SEINE
Créteil
VAL-DE-MARNE
SEINE-ET-MARNE
Évry
ESSONNE
Melun

ÎLE-DE-FRANCE

UNITÉ 1 Bon voyage !

Souvenirs de Suisse

ÎLE MAURICE

Union européenne République française

PASSEPORT

NOTRE PORTFOLIO ★ ★ ★

Dans cette unité, nous allons...
préparer un voyage de fin d'année pour toute la classe.

Pour cela, nous allons apprendre :

- à décrire des lieux et des itinéraires
- à expliquer nos préférences
- à parler d'activités de vacances
- à raconter des voyages
- à formuler des propositions
- à formuler des conseils et des souhaits

Et nous allons utiliser :

- tout ce que nous avons déjà appris en français
- le passé composé (révision)
- certains emplois du conditionnel
- la place des adjectifs
- la situation dans l'espace et dans le temps
- la durée : **de... à, pendant**...

1 Vacances d'été

A. Regarde les cartes postales et les listes de mots. Associe-les puis, à deux, répondez aux questions suivantes :

Quelle destination préférez-vous ?
Pourquoi ?
Quelles activités peut-on faire là-bas ?
Êtes-vous déjà allé(e) dans un tel endroit ?

- J'adore les grandes villes. J'aimerais bien aller à Londres, par exemple.
- Moi, je préfère passer mes vacances sur une île, me baigner, bronzer…

B. Et toi, tu as envoyé des cartes postales cet été ? D'où et à qui tu les as envoyées ?

- Moi, j'ai envoyé une carte postale de Biarritz à ma tante.

C. Réponds à ce petit questionnaire.

1 ÎLE MAURICE

2 Souvenirs de Suisse

3 London

B
magasins
touristes
cours d'anglais
tous les matins
visites culturelles
l'après-midi

A
calme absolu
air pur
ambiance très sympa

C
eau magnifique
fruits et poissons délicieux
gens très accueillants
détente complète

❶ Dans ta famille, qui aime recevoir des cartes postales ?

❷ Et toi, tu as déjà reçu des cartes postales ? De la part de qui ?

❸ Habituellement, comment tu communiques avec tes amis pendant les vacances ? (lettres, cartes postales, courriels, textos…)

❹ Tu laisses des commentaires, des photos, etc. sur Internet ? (blogs, site de photos…)

2 Quelles vacances !

A. À deux, lisez ces textes et complétez le tableau.

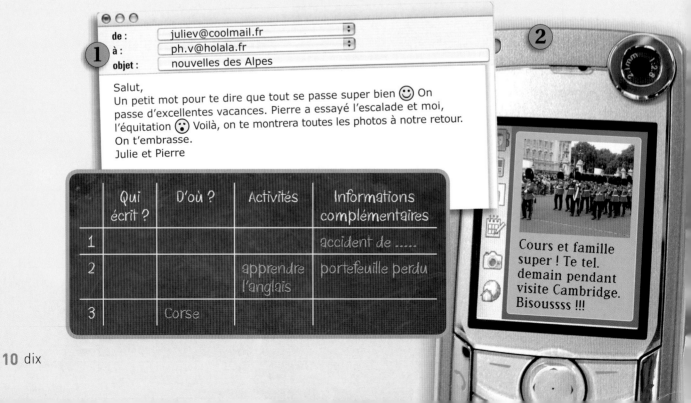

1

de : juliev@coolmail.fr
à : ph.v@holala.fr
objet : nouvelles des Alpes

Salut,
Un petit mot pour te dire que tout se passe super bien ☺ On passe d'excellentes vacances. Pierre a essayé l'escalade et moi, l'équitation ☺ Voilà, on te montrera toutes les photos à notre retour. On t'embrasse.
Julie et Pierre

2

Cours et famille super ! Te tel. demain pendant visite Cambridge. Bisoussss !!!

	Qui écrit ?	D'où ?	Activités	Informations complémentaires
1				accident de ……
2			apprendre l'anglais	portefeuille perdu
3		Corse		

3 Et toi, tu as fait quoi cet été ?

A. Raconte tes vacances à ta classe. Pour t'aider, apporte une photo / une carte postale / une image prise sur Internet de l'endroit où tu es allé(e).

Cet été, je suis allé(e) à / en...
J'ai passé... jours avec...
Cette ville / ce pays / cette région est...
On a eu... de la pluie, du beau temps, de la neige, du soleil...

> destination
> durée
> activités
> compagnie
> météo

B. Dans la classe, cherche quelqu'un qui, cet été, ...

a fait beaucoup de sport.
a passé du temps avec sa famille.
est allé à l'étranger.
a parlé une autre langue.
a visité un endroit original.
a mangé quelque chose d'original.

Chère Josiane,
Détente, plages sauvages
et randonnées magnifiques...
C'est superbe...
C'est la belle vie, quoi !
Nous t'embrassons très fort
depuis cette île de Beauté !

Raphaël sarah
Chloé paul

Mme J. Mauriciani
Résidence du Lac bât 3
appt 32
12 rue de la Résistance
24100 BERGERAC

FRANCE

B. Écoutez les conversations. Vérifiez vos réponses et donnez les informations complémentaires.

Pistes 1-3

On a besoin de...

Le passé composé

- Tu **as voyagé** en train ?
- Oui, **j'ai pris** l'Eurostar.

Il **a parlé** français cet été.
Nous **avons écrit** un courriel.
Vous **avez reçu** mon e-mail ?
Elles **ont envoyé** un texto.

- Tu sais où **je suis allée** ?
- **Tu es** all**ée** en Grèce avec tes cousins, non ?
- Non, **ils sont** venu**s** chez moi et **nous sommes** rest**és** ici !

Les prépositions devant les pays et les villes

Je vais **en** France.
Moi, je pars **au** Portugal.
Et moi, je reste **aux** États-Unis.
Mon amie habite **à** Marseille.

Le pronom ON = NOUS

- Vous avez passé la journée à la plage, les garçons ?
- À la plage ? Non ! **Nous**, on a fait du skate avec des copains.

ON *n'a pas de forme tonique. On le combine alors avec* **nous**.

Évoquer un endroit

C'est un village	typique. fleuri. isolé.
Là-bas, on peut	rencontrer des jeunes. faire du sport. se reposer au bord de la rivière.

4 Choisir un programme

A. Lis ces trois brochures. Retrouve les informations demandées et remplis le tableau.

	Destination 1:	Destination 2:	Destination 3:
TRANSPORT			
DURÉE			
HÉBERGEMENT			
ACTIVITÉS			

« DÉCOUVRIR PARIS EN FAMILLE »

Vol : aller le 18 juillet - retour le 24 juillet.

Ce séjour vous permet d'allier visites organisées et temps libre.

Jour 1 : Visite panoramique des principaux monuments de la capitale : Arc de Triomphe, Champs-Élysées, Trocadéro...

Jour 2 : Visite guidée de deux musées au choix : le Louvre, l'Orangeraie, le musée d'Orsay, Picasso...

Jour 3 : Visite Foire du trône – Promenade et dîner en bateau-mouche sur la Seine.

Jour 4 : Visite du Château de Versailles.

Soirée : comédie musicale *Les Misérables* de Victor Hugo.

Jour 5 : Journée Paris à vélo.
Soirée : concert dans le parc de Vincennes.
Quartier libre les 22 et 23.

Hôtel 3*, demi-pension

1000 € par personne frais d'agence inclus

« CAMP INTERNATIONAL , VIVRE ENSEMBLE »

du 10 au 25 août | 14-18 ans |

700 € + transport jusqu'à Montpellier

JOUR 1 :
Train : Montpellier – Clermont-Ferrand
Bus : Clermont-Ferrand – Ardes
Montage des tentes – Installation du matériel

PENDANT LE SÉJOUR :
• activités sportives : volley-ball, football, kayak, tir à l'arc, promenades équestres, rafting.
• activités artistiques : peinture, poterie, construction en bois...
• randonnée 3 jours dans le Parc naturel des volcans d'Auvergne – niveau de difficulté : faible

SOIRÉES : Jeux, chansons, musique, concours de sketches et de gastronomie internationale, quartier libre dans le village.

JOUR 14 : Sortie au parc aquatique des Portes d'Auvergne de St-Paulien.

« Apprendre le français en Belgique, pourquoi pas ! »

■ séjour linguistique du 15 au 30 juillet à Mons
■ 4 heures de cours chaque matin : groupes de 12 étudiants maximum
■ visites de la ville et alentours
■ visite du siège de l'Union Européenne
■ création d'un journal de classe en ligne
■ sports et activités artistiques l'après-midi
■ quartier libre le week-end
■ hébergement en famille d'accueil

900 € - train de Bruxelles à Mons inclus

B. À deux, choisissez un de ces programmes et justifiez votre choix. Vous pouvez vous aider des expressions données pour argumenter.

*Nous, on aimerait participer au camp international.
Là-bas, on pourrait rencontrer des jeunes de plusieurs pays.
On voudrait bien faire l'atelier de construction en bois aussi.*

Je crois que...
À mon avis...

On aimerait bien...
On voudrait bien...

C. Écoute cette conversation. De quel programme parlent Diane et Achille ? Note les activités qui les intéressent.

Piste 4

5 Qu'est-ce que j'emporte ?

A. Samira va partir en voyage scolaire à Barcelone au mois de mai. Elle demande conseil à son amie Muriel. Regarde tout ce qu'elle a sorti de son armoire et choisis les objets nécessaires à son voyage. Justifie tes réponses.

Elle doit prendre un maillot de bain parce qu'à Barcelone, s'il fait beau, elle pourra aller à la plage.

B. Écoute la conversation et vérifie tes réponses.

Piste 5 **C.** Jeu.

1- Chacun écrit une destination de voyage sur un papier.
2- Formez deux équipes.
3- Chaque équipe tire un papier au hasard et doit donner trois objets à emporter pour ce voyage. Maximum 30 secondes.
   L'équipe remporte 1 point par objet cité.
4- L'équipe gagnante est celle qui remporte le plus de points.

Attention ! Il est interdit de répéter les objets déjà cités.

6 Voyager autrement

A. À deux, faites une liste de quatre questions que vous poseriez pour préparer un voyage en train à travers l'Europe, puis essayez de trouver la réponse à vos questions sur un site de voyages.

On doit décider à l'avance de toutes les villes que nous voulons visiter ?
Il faut partir obligatoirement en été ?

FORUM : LA PASSION DU VOYAGE

14/10 14h25 Ingrid :
Salut, je cherche des informations pour partir visiter les pays d'Europe de l'Est à bon marché. Quelqu'un connaît un organisme qui s'occupe de ce type de voyage ??? Écrivez-moi !!

18/10 20h30 Manu :
Salut Ingrid. Moi je suis partie avec Jeunes sans Frontières. C'est une ONG qui te permet de voyager et de participer à des projets solidaires.

20/10 10h07 Camille :
Moi, je suis partie visiter quelques pays du Sud de l'Europe il y a deux ans. Il y a un organisme qui s'occupe de ça. C'est facile et pas cher. Je recherche le nom et je te le passe. Tu dois juste sélectionner les pays qui t'intéressent et acheter un billet de train spécial. Il faut au moins trois semaines pour bien profiter des endroits. Moi aussi, je vais visiter l'Europe de l'Est en juillet. Je cherche deux ou trois personnes avec qui voyager. C'est mieux de le faire en groupe. Ça te dit ? Contacte-moi et on en discute : camille90@lahoo.com   À +.

21/10 18h24 Ingrid :
Merci pour l'info, Camille. Je suis allée me renseigner à la gare. Ils m'ont donné une brochure et je dois en parler avec mes parents. Mais je trouve l'idée très sympa. Je vais le proposer à une amie et je te contacte ce week-end. J'imagine qu'il vaut mieux réserver le plus vite possible. Ciao !

B. Écoute la conversation entre Camille et Ingrid. Complète le tableau.

Piste 6

Pays visités ?	Grèce ...
Avec qui ?	
Durée du voyage ?	
Prix du billet ?	
Logement ?	train de nuit ...

C. À deux, dites quels sont les conseils donnés par Camille.
Quel conseil vous semble le plus important pour réaliser ce type de voyage ?

7 Une expérience inoubliable

Les voyages, les rencontres, les ambiances internationales pendant 2, 3 ou 4 semaines, c'est sympa ! Mais il faut aussi avoir une bonne organisation avant le départ pour que tout se passe pour le mieux.

Avant votre voyage

► Il vaut mieux faire un plan de voyage pour organiser le temps à passer dans chaque pays.
► Vérifiez les correspondances, les horaires, le type de train, etc. Consultez les informations en ligne mais aussi directement dans les gares.
► Prenez un sac à dos solide et des chaussures confortables. Pensez à ne prendre que le strict minimum : habits légers, un ou deux pulls et un vêtement pour la pluie. Une paire de chaussures de rechange est recommandée.
► Assurez-vous d'avoir les papiers nécessaires pour voyager à l'étranger et une trousse de secours.

Pendant le voyage

► Profitez du voyage pour partager des informations avec les autres jeunes que vous rencontrerez dans les trains et les hébergements.
► Pour gagner du temps et réduire votre budget hébergement, vous pouvez prendre des trains de nuit et arriver le matin à la nouvelle destination.
► Pour limiter vos dépenses, évitez les trains à grande vitesse.
► Bien dormir, c'est important : n'hésitez pas à rester plusieurs nuits dans une auberge de jeunesse pour vous reposer et bien connaître la ville.
► Goûtez les spécialités locales et mangez autre chose que des sandwichs. C'est important pour rester en forme pendant votre voyage.

Après le voyage

► Allez sur des forums consacrés aux voyages et participez-y activement en racontant vos anecdotes de voyages et en donnant des conseils.

Remplissez le tableau à partir des informations de la brochure puis, à deux, vérifiez vos réponses.

Bagages	
Hébergement	
Repas	- goûter les spécialités locales
Moyens d'économiser	

8 L'intonation (déception, motivation, enthousiasme)

Pistes 7-14

Écoute ces dialogues. Quand on annonce quelque chose, quel sentiment cherche-t-on à transmettre par l'intonation ?
Qu'exprime-t-on : de la motivation, de la déception ou de l'enthousiasme ? Remplis le tableau.

Des **sons** et des **lettres**

Dialogue	0	1	2	3	4	5	6	7
Motivation								
Déception								
Enthousiasme								

On a besoin de...

Expression du souhait

J'aimerais
Je voudrais   visiter l'Italie
J'aurais envie de et la Grèce.

La place de l'adjectif

C'est un train **confortable**.
Moscou est une ville **impressionnante** !

Paris – Moscou :
c'est un **long** voyage.
Le Luxembourg est un **petit** pays.
Barcelone est une **grande** ville.

 *Observe bien la place de l'adjectif : joli / petit / grand / long / beau se placent **devant** le nom.*

TU et VOUS

QuARTiER liBRE

La revue des jeunes qui apprennent le français.

N° 1

SOUVENIRS DE VOYAGES

un tablier spécial : touche une image et tu sentiras l'odeur de l'épice

un petit sac de lavande de Provence

une boîte à mouchoirs avec impressions d'images de Paris

Suivez le guide...
du routard !

En 1973, naît une idée originale : écrire un guide de voyage destiné aux jeunes à petit budget. Naissait alors le *Guide du routard* pour lequel les rédacteurs parcourent différentes destinations à la recherche des meilleures informations. Dans les années 80, le « Routard », comme on l'appelle familièrement, est devenu synonyme de liberté, de jeunesse et de curiosité.

La Charte du routard, publiée dans tous les guides, rappelle les voyageurs à leurs devoirs : « À l'étranger, l'étranger, c'est nous. » !

Dans les années 90, les destinations se multiplient. Les rédacteurs du routard défendent des causes comme la lutte contre le racisme, contre le SIDA, pour le développement durable, etc. aux côtés d'importantes ONG (*Amnesty International, Survival, WWF, Greenpeace, Médecins du Monde...*).

Depuis 2001, le site *routard.com* remporte un vif succès avec plus de 2,5 millions de visites chaque mois et environ un million de pages lues tous les jours.

Le *Routard* existe en plusieurs langues et le célèbre voyageur globe-trotteur présent sur toutes les couvertures du guide est visible à l'entrée d'hôtels, d'auberges de jeunesse et de restaurants du monde entier. Alors, suivez le guide !

Le Parc naturel des volcans d'Auvergne

Situé à l'ouest de l'Auvergne, le parc réunit le plus grand ensemble volcanique d'Europe. Ces régions naturelles présentent des paysages très variés : lacs volcaniques, cascades... L'Auvergne est synonyme de verdure à perte de vue !

Mais il n'y aurait pas de parc sans hommes : ici alternent de petits villages, des fermes, des stations de sports d'hiver, mais aussi des villes d'eaux, des châteaux forts et de superbes églises romanes. Les produits régionaux reconnus sont, entre autres, la charcuterie et les délicieux fromages tels que le Saint-Nectaire, le Salers, le Bleu d'Auvergne, le Cantal.

L'Auvergne, c'est le plaisir des yeux et de la bouche !

VULCANIA, explorez les secrets de la Terre

Situé au cœur des volcans d'Auvergne, à 15 km de Clermont-Ferrand, ce parc propose de nombreuses animations interactives et des attractions qui vous feront comprendre et vivre les phénomènes naturels les plus spectaculaires : éruptions volcaniques, tsunami, geyser, observations du système solaire...

Découverte, divertissement et frissons garantis pour ce voyage au centre de la Terre !

La France... au fil de l'eau

A. Lis ces descriptifs et indique sur la carte à quel circuit ils correspondent.

La France... au fil de l'eau

La France est un pays sillonné par cinq grands fleuves, mais aussi par des rivières et des canaux. De nombreuses activités sont proposées pour profiter de ces sites.

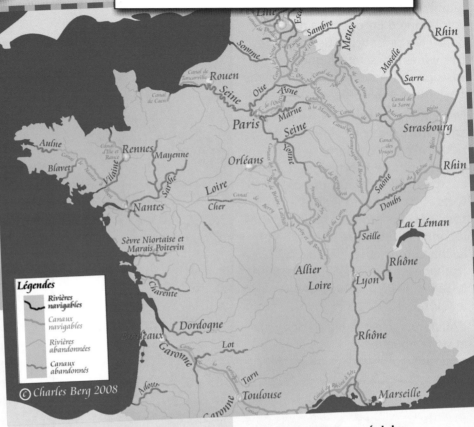

Légendes

Rivières navigables

Canaux navigables

Rivières abandonnées

Canaux abandonnés

© Charles Berg 2008

Les châteaux de la Loire

Une semaine pour découvrir en toute tranquillité les châteaux de Blois, Chambord, Cheverny, Chenonceau, Amboise.
La Loire fut du XIVe au XVIe siècle une région très appréciée des rois de France qui y ont construit leurs châteaux.

Au bord du fleuve, classé au patrimoine mondial de l'Unesco, Chambord impressionne ses visiteurs par son parc immense et une construction riche d'Histoire. Une visite qui vous offre des promenades en barque ou à cheval, un spectacle magnifique de son et lumière, une visite qui promet d'être... royale ! ■

Le bâteau mouche sur la Seine

Montez à bord pour découvrir Paris la nuit. Profitez d'un délicieux repas tout en écoutant les commentaires de nos guides pour chaque monument : la tour Eiffel, le Pont de l'Alma, le Pont des Arts, la Conciergerie, Notre-Dame de Paris, l'Île Saint Louis... Notre bateau, avec musique et guide personnalisé, rendra votre croisière innoubliable. ■

Le canal du Midi en péniche

Patrimoine mondial de l'Unesco, ces 240 km de canal, construits sous Louis XVI, relient la mer Méditerranée à l'océan Atlantique. Voilà un environnement idéal pour passer des vacances sur une péniche et prendre le temps de vivre au rythme de l'eau.

Des vacances différentes : louer un bateau et apprendre à naviguer, apprécier les différents paysages et alterner avec des escapades en vélo sur la piste cyclable qui longe le canal. Nature, calme et découverte du pays sont garantis. ■

B. Écoute le guide-audio et note les informations qui te semblent claires.

C. Tu aimerais faire un de ces circuits ? Pourquoi ?

Piste 15

OÙ ALLER POUR FÊTER LA FIN DES COURS ?

Nous allons préparer un voyage pour la classe à la fin du printemps prochain.

1 Choisissez ensemble une des destinations proposées dans l'unité ou une autre de votre choix. Puis, faites des groupes de 3 ou 4 personnes.

2 Préparez votre voyage selon les critères suivants :

- le voyage a une durée de 10 jours.
- vous devez inclure des activités culturelles, sportives, artistiques, écologiques.
- vous pouvez ajouter des précisions sur les moments de quartier libre.

3 Écrivez un programme de voyage en indiquant :

- les dates
- les moyens de transports
- les modalités d'hébergement
- les bagages nécessaires
- les visites prévues
- le prix total du voyage

4 Faites une liste des actions que vous proposez de faire entre septembre et avril pour subventionner le voyage.

IL NOUS FAUT :

- ✓ de grandes feuilles, des couleurs, de la colle
- ✓ des plans, des cartes, des brochures, des images touristiques
- ✓ des renseignements sur les lieux

Un problème ?
Une solution !

NOTRE PORTFOLIO ★ ★ ★

Dans cette unité, nous allons...

parler des problèmes des jeunes de notre âge au cours d'une émission de radio.

Pour cela, nous allons apprendre :

- à raconter des situations passées
- à présenter des personnes de notre entourage
- à décrire des caractères
- à exprimer des sentiments et des sensations
- à expliquer des problèmes
- à demander et à donner des conseils
- à rapporter les paroles de quelqu'un

Et nous allons utiliser :

- les expressions de durée : **il y a, depuis, pendant**...
- **c'est / il est**
- les pronoms relatifs : **que**, **qui** et **où**
- quelques verbes pronominaux : **s'entendre, se fâcher, s'énerver**...
- des expressions pour réagir à une histoire
- le conditionnel (1)

1 **Attention à sa réaction !**

Pistes
17-19

A. Stéphane, Loïc et Clara sont en cours de physique-chimie. Le jour de l'évaluation d'un travail en groupe, un petit incident annule tous leurs résultats. Aïe ! Comment réagit chacun d'entre eux ? Écoute et lis les témoignages des autres élèves.

● Regarde la tête de Loïc ! Ah ! Il est vraiment en colère. Il est tout rouge. On dirait qu'il va exploser !

○ Ça ne m'étonne pas. Il s'énerve toujours très vite : en cours, à la cantine, avec ses frères… Il est un peu agressif, je trouve, comme garçon. Je ne sais pas pourquoi, mais il ne parle pas, il crie. D'ailleurs, je crois que ses copains ont du mal à supporter son mauvais caractère.

● Ah là là ! Clara est toujours dans la lune. Elle ne voit pas que la prof arrive. Elle est là, toute calme...

○ C'est vrai qu'elle est toujours calme et de bonne humeur. Je ne l'ai jamais vue s'énerver ou se disputer avec quelqu'un. C'est vraiment une fille originale, mais elle est sympa.

B. Et toi, comment réagis-tu dans cette situation ? Et tes camarades ?

● *Je deviendrais toute rouge !*
○ *Moi, par contre, je crois que je m'énerverais contre les autres.*

C. Note les mots et expressions utilisés dans les témoignages pour parler du caractère d'une personne.

D. À trois, pensez à des élèves, des professeurs ou des personnes célèbres que vous associez à ces attitudes.

– 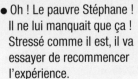 est toujours de bonne humeur.
– .... est quelqu'un d'assez solitaire.
– .... est souvent angoissé(e).
– .... est un vrai perfectionniste.
– .... est un(e) grand(e) sentimental(e).
– .... est très indépendant(e).
– .... a beaucoup d'humour.
– .... se moque souvent des autres.
– .... se fâche facilement avec ....

● Oh ! Le pauvre Stéphane ! Il ne lui manquait que ça ! Stressé comme il est, il va essayer de recommencer l'expérience.

○ Non, moi je le connais bien, tu sais. On discute souvent et ce n'est pas quelqu'un de stressé ni d'angoissé. Il est simplement perfectionniste et un peu timide. Il préfère travailler seul. Alors, quand il y a un travail en groupe, c'est vrai, il panique un peu. Mais il est très gentil.

Nous, on pense que .... est solitaire parce que ....

2 Là, c'est...

Piste 20

A. Aurélie reçoit sa correspondante chez elle. Dans sa chambre, elles regardent des photos affichées aux murs. Écoute leur conversation et explique qui sont ces personnes pour Aurélie.

Ⓐ Dylan

Ⓑ François, Martine et le petit Lucas

Ⓒ Ma tante et mon oncle

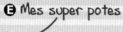

Ⓓ Karine et moi

Ⓔ Mes super potes

Ⓕ Marc

B. Réécoute les explications et note :
- deux personnes qui s'entendent bien avec Aurélie.
- une personne qu'Aurélie n'apprécie pas beaucoup.
- deux ou trois traits de caractère positifs.
- deux défauts.

C. À ton tour ! Fais une liste de cinq ou six personnes que tu connais. Explique comment tu les a rencontrées. Précise si tu t'entends bien ou mal avec elles et quel caractère elles ont. Apporte des photos si tu peux.

Laura : c'est ma nouvelle voisine. Elle est arrivée dans le quartier il y a deux mois. Elle est assez solitaire, mais on s'entend bien...

Un peu de français familier

Il/elle a la grosse tête = il est prétentieux(se).
Il/elle est à l'ouest = il/elle est étourdi(e) et se distrait facilement.
Il/elle est trop cool = il/elle est très sympa.

On a besoin de...

Pour présenter / identifier :
C'est / ce sont
Pour décrire : Il est / ils sont

- C'est qui, Érika ?
- ○ Érika ? **C'est** ma sœur. **Elle est** très indépendante : elle n'habite plus avec nous.

Exprimer des sentiments et des réactions

s'entendre bien / mal avec quelqu'un

Aurélie **s'entend bien avec** presque tout le monde en classe.

s'énerver

Quand je suis le seul à travailler dans mon groupe, **je m'énerve**.

se disputer / se fâcher / se réconcilier avec quelqu'un

Mon grand frère **se dispute** souvent **avec** sa petite copine. Mais une semaine après, ils **se réconcilient** toujours.

Accord des verbes pronominaux au passé composé

Le professeur s'est énervé quand il a vu le résultat.
Après le cours, Loïc et Max se sont fâchés.
Léa et Zoé se sont bien entendues.

| Loïc est | énervé inquiet stressé détendu confiant | avant chaque contrôle. |

Pour nuancer une opinion : assez / plutôt

- Lucas est **plutôt** timide, non ?
- ○ C'est vrai, quand il y a du monde, il est **assez** discret.

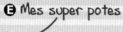

3 **Quelle horreur !**

A. Écoute et lis ce texte. À deux, vérifiez ce que vous comprenez de l'histoire. Que pouvez-vous dire de chaque personnage ?

Piste 21

responsable   amusant
autoritaire   aventurier
gourmand   blagueur
nerveuse   peureuse

Bertrand, Rayan, Lucie et Leila étaient au musée d'Histoire naturelle à Paris pour préparer un exposé. Mais ils ne savaient pas que le gardien était en train de faire un dernier tour avant de partir. Installés dans une petite salle, les quatre amis n'ont pas entendu la grande porte principale se fermer.

– Vous avez entendu ce bruit ? demande Lucie.
– C'est sûrement le vent. Allez ! On doit finir le travail ! Allez, aide-nous ! dit Leila.
– Non, regardez ! crie Lucie. Tout le monde est parti ! Ahhhh !!! Ils ont éteint les lumières ! **1**
– Génial !! On a le musée pour nous ! On peut aller dans toutes les salles. Suivez-moi ! s'exclame Bertrand. **2**
– On devrait plutôt trouver une sortie de secours. On ne se sépare pas et on ne touche à rien sinon les alarmes vont se déclencher, fait remarquer Leila.
– Qu'est-ce que c'est, là, qui brille ? Il y a quelqu'un ? demande Lucie.
Lucie et ses amis sont dans le noir et ils ne savent pas qu'ils se trouvent dans la salle des vertébrés.
– Je sais ! Allume ton portable Rayan. Il ne capte pas mais on va bien trouver une sortie avec la lumière de l'écran.
– T'as raison, Leila ! dit Bertrand. **3**
– Lucie, donne-moi ta main ! Bertrand lui prend la main et la met dans la bouche d'un squelette.
– Ah !! T'es nul, Bertrand ! Je déteste tes blagues! **4**
– Mais non Lucie, c'était pour rire ! **5**

Pendant ce temps, Rayan se dirige vers la cafétéria. Mais il n'a pas vu la marche. **6** Attention !

BOUM !!!

– Aïe ma jambe ! **7**
– Bon, il faut trouver une solution, s'exclame Bertrand. Moi, ça ne me dérange pas d'explorer tout le musée. On pourrait rester ici jusqu'à demain, mais nos parents vont s'inquiéter. **8**
– J'en ai marre ! s'énerve Lucie. Moi, je préfère déclencher une alarme et faire venir la police, plutôt que de passer la nuit ici avec des squelettes et des choses bizarres…
– Chut ! Taisez-vous ! Quelqu'un s'approche ! **9**

B. Formez des groupes de cinq et répartissez-vous les rôles. Lisez le texte à voix haute, groupe par groupe. Les autres élèves réagissent à chaque bulle **2** et peuvent s'appuyer sur les éléments de la liste de *On a besoin de* . Attention à l'intonation !

C. Par groupe, écrivez et jouez la fin de l'histoire. Pensez à utiliser d'autres expressions.

D. Quelle est la meilleure fin ? Pourquoi ?

Je pense que le groupe …. a écrit et joué la meilleure fin parce que ….

Le narrateur

Leila

Bertrand

Rayan

Lucie

4 Ça me fait rire !

A. Qu'est-ce qui te provoque ces sentiments ou sensations ? Donne cinq exemples précis. Compare avec ton voisin. Vous avez des réactions semblables ?

- les araignées
- les films d'horreur
- les mangas
- les notes des profs
- les critiques
- les gens hypocrites
- les guerres
- les tout petits chiens

Ça me fait peur
Ça me dérange
Ça me dégoûte
Ça me fait rire
Ça me fait de la peine
Ça me détend
Ça me révolte
Ça m'ennuie
Ça me stresse

- quand mes parents se disputent
- quand je dois faire un exposé
- quand mes parents ou mes profs ne me croient pas
- quand je regarde de vieilles photos de famille
- quand un(e) ami(e) ment

- arriver en retard
- aller chez le dentiste
- ranger ma chambre
- me doucher à l'eau froide
- perdre quelque chose
- faire du footing
- passer dans une rue sombre

- Les petits chiens, ça m'amuse ; les araignées, ça me fait peur.

B. Cherche dans la classe deux personnes qui ont au moins trois points en commun avec toi.

5 Courrier des lecteurs

A. Écoute sur Internet l'émission *MagAdos* et complète la grille.

Piste 22

	Quel est son problème ?	Quelles sensations il/elle a ?	Quels conseils donne le psychologue?
Paul	...	...	...
Marine	...	...	...

B. Observe et dis ce qu'exprime cette forme verbale entendue au cours de l'émission *MagAdos*. Tu reconnais les terminaisons ? Fais des hypothèses sur la formation de ce temps.

« **J'expliquerais** à mes amis comment je me sens. »
« À ta place, **j'irais** travailler chez une amie. »

On a besoin de...

Exprimer des sentiments

L'injustice, (**ça**) me révolte. →
L'injustice me révolte.

Passer d'un sentiment à un autre

Ça me rend **toute** nerveuse de dire bonjour à Anthony !

Ça se voit !
Tu deviens rouge, blanche, rouge !!!

Expressions positives

- C'est marrant !
- Bonne idée !
- C'est cool !
- Quelle chance !
- C'est super !
- Quelle horreur !
- Ça fait mal !
- Pas de chance !
- C'est ridicule !
- C'est dégoûtant !

Pour conseiller ou suggérer

- ● Je ne peux pas réviser chez moi !
- ○ **Tu devrais** le dire à tes parents.

- ● **Tu pourrais** téléphoner à ta copine et réviser chez elle.
- ● Et si **tu faisais** une pause pour te changer les idées ?

Le conditionnel

je	sortir	**-ais**
tu	sortir	**-ais**
il/elle/on	sortir	**-ait**
nous	sortir	**-ions**
vous	sortir	**-iez**
ils/elles	sortir	**-aient**

 Le radical du conditionnel se forme sur celui du futur.

Si Théo ne rentre pas ce soir, sa mère **ser**a inquiète.
Tu **ser**ais inquiète aussi ?

3. Mes amis et moi

 6 **Si j'étais...**

A. Termine les phrases suivantes et justifie tes réponses en parlant de ton caractère et / ou de tes expériences passées.

- Si j'étais un animal, je serais...
- Si j'étais une odeur, je serais...
- Si j'étais un élément de la nature, je serais...
- Si j'étais un instrument de musique, je serais...
- Si j'étais une époque, je serais...
- Si j'étais une invention, je serais...
- Si j'étais un sentiment ou une sensation, je serais...

 Si j'étais un instrument de musique, je serais une guitare parce que c'est un instrument qui est souvent dans les fêtes. Et moi, j'aime faire la fête avec mes amis.

B. Vous connaissez bien vos camarades ? Le professeur va lire quelques réponses : à vous de deviner qui en est l'auteur.

 7 **À ta place...**

A. Tu penses que Théo a un problème avec ces filles ? Lis et écoute ce qu'elles disent de lui.

Piste 23

.... est amoureux(se) de ....
.... est jaloux(se) de ....
.... est fâché(e) parce que ....
.... trouve dommage de ....

Sandra : Théo et moi, on se connaît **depuis** l'école primaire. On habite dans le même immeuble et on va au même lycée. C'est mon meilleur copain. **Il y a six mois**, il a connu Hélène. Mais il m'a dit que cette fille ne voulait pas qu'il passe du temps avec moi. Je trouve ça ridicule ! Heureusement, Théo n'a pas changé et il n'est plus avec cette fille. Il est avec Irène maintenant. Elle est nouvelle au lycée et je ne la connais pas très bien.

Irène : Théo est très sympa. On s'est connus au lycée. Je l'ai trouvé très amusant. Ça a été le coup de foudre. Il m'a présenté sa meilleure amie, Sandra. Elle a l'air très gentille, mais quand il me parle de son ancienne copine, le pauvre ! Elle ne le laissait rien faire ! Mais je trouve qu'il parle trop souvent d'elle ! J'espère que c'est vraiment fini.

Hélène : J'ai rencontré Théo **il y a** deux ans. C'est un copain de mon frère. Il joue de la guitare dans son groupe de musique. Un jour, Théo est resté discuter un peu avec moi et on a bien rigolé. On avait beaucoup de points communs : la musique, les films, la même manière de voir les choses. Bref, on est sortis ensemble **pendant** toute l'année scolaire. Mais on ne faisait pas suffisamment de choses ensemble et puis il était tous les jours chez une copine à lui, Sandra. Il me disait que c'était juste une très bonne amie, mais moi, je ne supportais pas cette fille. Alors, on a cassé. En plus, on m'a dit qu'il aime une autre fille, Irène, et franchement je me demande bien ce qu'elle a de spécial, cette fille !

B. À votre avis, que doit faire Théo ? À deux, écrivez une liste de conseils à lui donner.

C. Écris un petit texte pour parler d'un(e) de tes ami(e)s.

- Depuis quand vous vous connaissez ?
- Comment vous vous êtes connus ?
- Vous faites quoi ensemble ?
- Pourquoi vous vous disputez ?
- Etc.

On se connaît depuis qu'on a ... ans.
Il est très sympa et un peu....
...

Un peu de français familier

Je trouve ça débile ! = c'est idiot ou ridicule !
Avoir un coup de foudre = tomber amoureux immédiatement.

8 Un véritable ami

A. Lis ces citations sur l'amitié et dis ce que tu en penses.

> La seule façon d'avoir un ami est d'en être un.
> **Ralph W. Emerson**

> Un des plus grands bonheurs de cette vie, c'est l'amitié ; et l'un des bonheurs de l'amitié, c'est d'avoir à qui confier un secret. **A. Manzoni**

> L'amitié, ce n'est pas être avec ses amis quand ils ont raison, c'est être avec eux même quand ils ont tort. **A. Malraux**

B. Donne ta propre définition de l'amitié ou du véritable ami. Affiche-la à côté de celles de tes camarades.

Un véritable ami, c'est quelqu'un qui partage et qui écoute.

C. En lisant les autres définitions, il y a en une que tu préfères par rapport à la tienne ? Pourquoi ?

J'aime bien la définition de ... parce que...

9 Ouvert ou fermé ?

Des SONS et des lettres

Pistes 24-25

A. Écoute ces mots et dis si tu entends [ɔ] ou [o].

	1	2	3	4	5	6	7	8	9	10
[ɔ]										
[o]	×									

B. Écoute ces mots et dis si tu entends [œ] ou [ø].

	1	2	3	4	5	6	7	8	9	10
[œ]										
[ø]										

Piste 26

C. Écoute et entoure les mots avec [ɔ], souligne ceux avec [o], encadre ceux avec [œ] et surligne ceux avec [ø].

rose gomme château manteau
rigole pose veux pleure
cœur sœur bleu fleur

On a besoin de...

Évoquer une situation imaginaire

SI + imparfait / conditionnel

> **Si tu parlais** à ton ami, **il t'aiderait** à trouver une solution.

Pour exprimer un conseil

- **Tu ferais** quoi dans cette situation?
- **À ta place, / si j'étais toi**, je demanderais à le rencontrer.

Situer dans le temps

- pour situer l'action dans le passé :

> **Il y a** trois ans, je suis arrivé dans ce collège.

- pour préciser une durée :

> **Pendant** quelques mois, j'ai eu du mal à m'habituer.

- pour indiquer le point de départ d'une action qui dure encore dans le présent :

> **Depuis que** je connais Maxime, on sort beaucoup.
> On est ensemble **depuis** deux mois.

Les pronoms relatifs : qui / que / où

- Irène, c'est <u>la nouvelle élève</u> **qui** est arrivée ce trimestre ?
- Oui, c'est la fille **que** tu croises dans le bus le matin.
- Ah voilà ! Maintenant je sais **où** on s'est rencontrés.

Rapporter des paroles

- Pourquoi tu pleures ?
- Parce qu'**il m' a dit que** je suis trop... possessive !!!

Amour ou amitié ?

Aujourd'hui je t'aime plus qu'hier et moins que demain !

Les amis de mes amis sont mes amis.

Une de perdue, dix de retrouvées !

Le verbe aimer est difficile à conjuguer : son passé n'est pas simple, son présent n'est qu'indicatif et son futur est toujours conditionnel. (Jean Cocteau)

Des expressions colorées

être vert de rage / de jalousie

ressentir une grande peur

être très jaloux

rire

se fâcher fortement

être rouge de honte /comme une tomate

avoir un humour noir

rire forcé

entrer dans une colère noire

se sentir mal à l'aise / embarrassé

rire de thèmes durs ou cruels

être optimiste

être « fleur bleue »

être sentimental

voir tout en rose

avoir une peur bleue

Clin d'œil sur l'Histoire : musée national d'Histoire naturelle à Paris

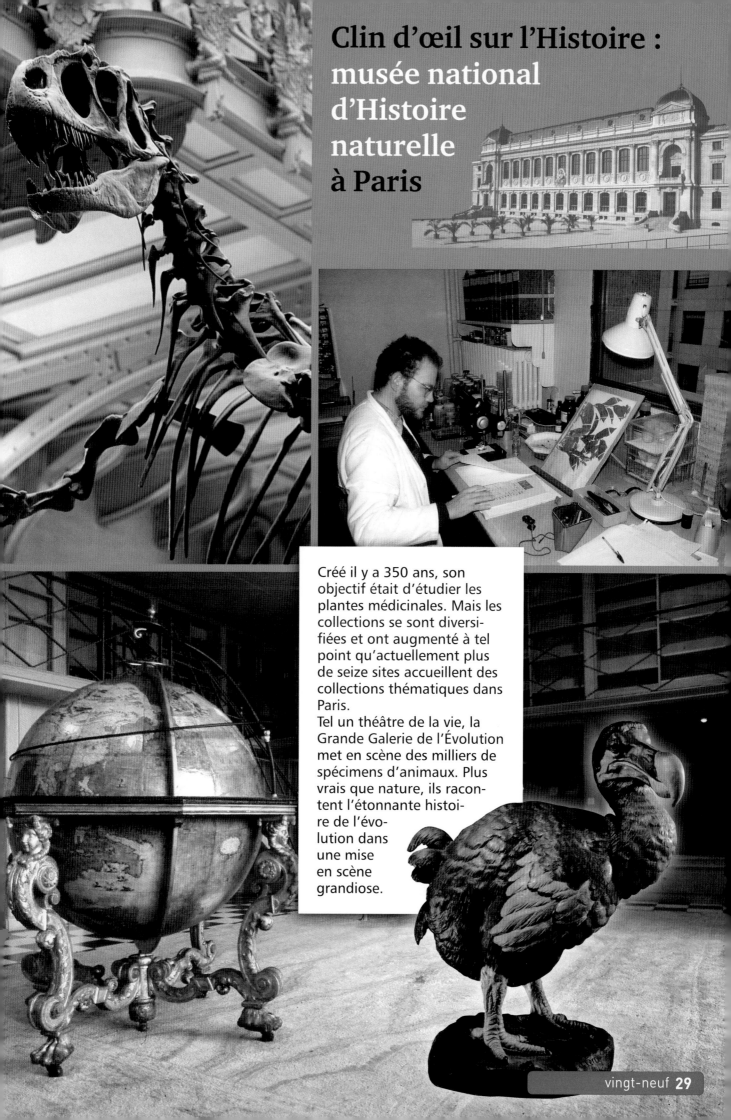

Créé il y a 350 ans, son objectif était d'étudier les plantes médicinales. Mais les collections se sont diversifiées et ont augmenté à tel point qu'actuellement plus de seize sites accueillent des collections thématiques dans Paris.

Tel un théâtre de la vie, la Grande Galerie de l'Évolution met en scène des milliers de spécimens d'animaux. Plus vrais que nature, ils racontent l'étonnante histoire de l'évolution dans une mise en scène grandiose.

NOTRE PORTFOLIO

A. Voici un site Internet où des jeunes expliquent leurs problèmes et demandent conseils aux internautes.

http:// www.parles-en.com

www.parles-en.com

Page d'accueil | Nous contacter | Lire les messages | Écrire un message

Page d'accueil | Nous contacter

> **Thème :** collège / famille / amitié / amour / santé / animaux / sport

Emma : Je suis en colère parce qu'au collège, mes profs et même les parents de mes copains me demandent très souvent si je vais bien. Ils sont tous inquiets parce que je suis assez maigre, alors bien sûr, ils croient que je suis anorexique. Mais ce n'est pas vrai ! Je mange équilibré chez moi ou à la cantine, je fais du sport... C'est simplement que je suis toute fine. Mais je dois toujours me justifier. Qu'est-ce que je peux faire pour éviter que les autres me posent toujours la même question ?

Ivan : Je suis nouveau dans mon lycée. Je viens du Congo et l'adaptation n'est pas très facile. Je ne suis pas habitué à parler en classe ou à raconter ma vie, quand on me pose des questions. Les autres élèves pensent que je ne m'intéresse pas à eux. Mais tout est tellement différent ! Je préfère observer et voir comment sont les rapports entre garçons-filles, et professeurs-élèves petit à petit. Qu'est-ce que je peux faire de plus pour me sentir plus à l'aise et connaître des élèves sympas ?

Jonathan : Depuis trois semaines, j'ai des problèmes avec des élèves du lycée. Ils sont quatre super grands à m'attendre à la fin de la journée ou à midi. Ils me menacent et prennent mon sac pour voir si j'ai quelque chose de nouveau : une calculatrice, des baskets, ma montre... Avec mes copains, on a décidé d'en parler aux profs. Mais, si ce n'est pas suffisant, qu'est-ce que je fais ?

Mariane : Je suis tombée amoureuse d'un garçon. J'ai deux ans de moins que lui, alors il me considère un peu comme sa petite sœur. Le problème, c'est que pour lui je suis « une bonne amie » et rien de plus. Je suis sûre que ça pourrait marcher si on passait plus de temps ensemble, tous les deux. Comment je peux lui faire comprendre que je ne ressens pas uniquement de l'amitié ?

Conseils et suggestions

Ne t'inquiète pas, ça arrive à tout le monde.

Les filles sont souvent plus mûres que les garçons au même âge. Tu peux tenter de lui expliquer.

L'important, c'est de savoir si vous avez des points en commun.

Ne t'isole pas. Parles-en avec tes parents, tes professeurs, la direction du collège.

C'est normal. Ce n'est pas facile d'être « le nouveau » de la classe.

Si tu commençais par parler avec une ou deux personnes, ce serait plus facile.

L'important, c'est de se sentir bien dans son corps et d'être en bonne santé mentale et physique.

B. À deux, choisissez un de ces messages et participez au forum en donnant d'autres conseils.

Tu devrais...
On te conseille de...

PROBLÈMES À L'ÉCOLE, CHEZ TOI, AVEC TES COPAINS... PARLONS-EN !

Parler des problèmes des jeunes de notre âge au cours d'une émission de radio.

1 Nous allons faire une liste de problèmes qui, en général, préoccupent les jeunes de notre âge.

2 Formez des groupes de 3 ou 4 personnes. Chaque groupe choisit un thème et invente un personnage qui a ce problème. Pensez à préciser son nom, sa situation, son caractère, ses habitudes...

3 Rédigez le problème et la demande de conseil que votre personnage adresse à l'émission « Écoute et conseils ».

4 Ensuite, le professeur mélangera tous les problèmes et distribuera à chaque groupe une situation. Répondez au message que vous recevrez en faisant des commentaires et en donnant des conseils.

5 Enregistrez-vous pour conserver l'émission.

IL NOUS FAUT :

✓ un MP3 pour enregistrer les interviews

Maintenant tu sais...

1 Tu sais déjà faire beaucoup de choses !

Maintenant, tu sais faire tout ça, non ?!
À trois, cherchez une phrase pour
compléter chaque rubrique.

Formuler un conseil ou une suggestion

Tu pourrais lui demander
son avis.
Il vaut mieux partir tôt
demain matin.

Raconter un voyage

Nous avons voyagé à vélo pendant
3 mois.
C'est une île immense et superbe.
J'ai appris à faire du surf.

Faire des propositions

Ce serait bien d'organiser une
petite fête.
Et si on invitait Maude ?

Situer des événements dans le temps

Alex ? Je l'ai vu il y a une semaine environ.
Le lycée sera fermé du 21 décembre au 5 janvier.

Exprimer des sensations et des sentiments

Les araignées, ça me dégoûte !
Cette fois, Adrien est vraiment en colère !

Décrire le caractère de quelqu'un

C'est une fille très agréable,
elle a beaucoup d'humour.
Saïd est plutôt discret en
général.

Décrire les relations entre les gens

Ils n'arrêtent pas de se disputer, tous les deux !
Pourquoi tu ne la supportes pas ?

En route vers le DELF !

2 Compréhension orale

Réponds aux questions en cochant (X) la bonne réponse.

Piste 28

1 Il s'agit…

- ▦ d'une publicité à la radio.
- ▦ d'une conversation à la radio.
- ▦ d'une conversation téléphonique.

2 Le thème principal est…

- ▦ un concert, le week-end.
- ▦ la campagne.
- ▦ un festival.

3 Les jeunes peuvent s'inscrire à partir de…

- ▦ 10 ans.
- ▦ 15 ans.
- ▦ 16 ans.

4 Les jeunes artistes sont programmés…

- ▦ le matin.
- ▦ l'après-midi.
- ▦ le soir.

5 Il y a un concert…

- ▦ le mardi.
- ▦ le mercredi.
- ▦ le week-end.

3 Compréhension écrite

A. Ce texte est extrait :

… d'un article de presse.
… d'un journal intime.
… d'une publicité.

B. La personne qui écrit raconte :

… sa journée.
… sa soirée.
… sa semaine.

C. Vrai ou faux ? Coche la case correspondante et justifie ta réponse avec une phrase du texte.

		Vrai	Faux
1	M. a passé une très mauvaise journée. Justification : ▬▬▬▬▬▬▬▬▬	......	......
2	Elle est allée au lycée avec son pull Boxy noir. Justification : ▬▬▬▬▬▬▬▬▬	......	......
3	M. a eu une note moyenne à un contrôle d'anglais. Justification : ▬▬▬▬▬▬▬▬▬	......	......
4	Elle a eu un 0 à un contrôle d'histoire. Justification : ▬▬▬▬▬▬▬▬▬	......	......
5	Le professeur d'histoire va l'interroger demain. Justification : ▬▬▬▬▬▬▬▬▬	......	......
6	Samia et M. ne se parlent plus. Justification : ▬▬▬▬▬▬▬▬▬	......	......
7	M. va chez le dentiste demain. Justification : ▬▬▬▬▬▬▬▬▬	......	......

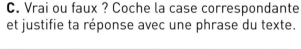

10 novembre

Quelle journée aujourd'hui ! Heureusement que ce n'est pas tous les jours comme ça ! Je crois que c'était ma journée « Reste couchée, c'est mieux ! ». D'abord ce matin, pour aller au lycée, j'ai mis mon nouveau pull Boxy qui est trop beau. J'étais trop contente ! Et au petit déjeuner, j'ai renversé mon chocolat dessus. La catastrophe ! En plus, j'ai dû mettre mon vieux pull vert horrible, tous les autres étaient sales. Au lycée, la prof d'anglais a rendu les contrôles de la semaine dernière. L'horreur, j'ai eu 5 !! Quand mon père va voir ça… ! Après, le prof d'histoire m'a interrogée à l'oral… je ne savais rien ! Il m'a mis une mauvaise note mais il va me donner une autre chance demain. C'est cool, mais je dois étudier toute la soirée, sinon c'est 0 !

Après, je me suis disputée avec Samia… pour rien du tout en plus. Elle croit que j'ai parlé d'elle à Kevin parce qu'hier j'ai mangé avec lui à la cantine. Et maintenan[t] elle ne veut plus me parler. C'est vraiment nul !

Le seul truc positif de la journée, c'est que le dentiste appelé. Mon rendez-vous de demain est annulé. Mais bon, je vais devoir y aller un autre jour, alors finalement, c'est pareil.

Bon allez, je vais étudier…
À demain !

M.

4 Expression orale

Entretiens dirigés

Dans les épreuves du DELF, on te demandera de te présenter. Présente-toi en parlant de ta famille, de ton caractère, de tes goûts, etc.
Ensuite, l'examinateur te posera des questions.
Entraîne-toi avec un camarade ou avec ton professeur.

Monologues

On te demandera aussi de faire un monologue sur un sujet qui te concerne, puis l'examinateur te posera des questions. Voici trois exemples de sujets.
Entraîne-toi avec un camarade !

1 Que fais-tu quand tu vas à la montagne ? à la plage ?
  à la campagne ?
2 Décris ton/ta meilleur(e) ami(e).
  Pourquoi vous entendez-vous bien ?
3 As-tu bon caractère ? Explique ce qui te met en colère.

Dialogues

À deux, choisissez un des sujets suivants et préparez le dialogue.

Sujet 1
Tes parents veulent aller passer des vacances en famille à la montagne. Tu préfères aller à la mer. Tu en parles avec eux.

Sujet 2
Tes parents te proposent d'inviter un(e) ami(e) à partir en vacances avec vous. Qui choisis-tu ? Quelles activités imagines-tu pour ces vacances inoubliables ?

5 Expression écrite

Tu as assisté à cette scène. Écris tes impressions et tes sentiments sur ce qui s'est passé. (80 à 100 mots)

6 Complète chaque phrase avec une des trois propositions.
Ensuite compare tes réponses avec celles de ton voisin.

1 Cette année, le voyage scolaire a lieu .... Suède.

a à
b en
c au

2 Nous allons voyager .... train.

a à
b en
c avec

3 Nous partons .... 14 .... 30 juin.

a du... au...
b du... à...
c de... au...

4 Nous sommes en vacances .... deux semaines.

a par
b en
c pendant

5 ● Qu'est-ce que je peux dire à la prof d'histoire ?
○ .... dire la vérité.

a Il vaut mieux
b Il est
c C'est

6 ● C'est qui ce garçon ?
○ .... Matéo, le cousin d'Émilie.

a Il est
b C'est un
c C'est

7 ● C'est qui Johnny Depp ?
○ .... un acteur. .... américain.

a C'est / C'est
b C'est / Il est
c Il est / Il est

8 ● Tu ferais quoi, toi ?
○ .... je prendrais des vacances.

a Et si
b À ta place,
c Tu pourrais

9 Tu .... prendre le temps de réfléchir un peu.

a devrai
b devrait
c devrais

10 Si .... le temps, je .... plus de livres.

a j'avais / lirais
b j'avais / lirai
c j'ai / lirais

11 Nous avons déménagé .... deux ans.

a il y avait
b depuis que
c il y a

12 ● C'est ta meilleure amie ?
○ Non, mais je connais Mélanie .... je suis arrivée ici.

a depuis que
b il y a
c depuis

13 Les maths, c'est la matière .... je préfère.

a qui
b que
c où

14 Pierre ? Je ne sais pas .... il veut aller.

a qui
b que
c où

15 C'est un garçon .... est plutôt réservé.

a qui
b que
c où

16 Mathieu a un caractère agréable. Il est toujours ....

a de bonne humeur
b fâché
c de mauvaise humeur

17 Élise et Nacira ne se parlent plus. Elles se sont ....

a réconciliées
b amusées
c disputées

18 ● Regarde ! Il y a une énorme araignée par terre !
○ .... ! Enlève-la, tu sais que je ne les supporte pas !

a C'est marrant !
b Pas de chance !
c Quelle horreur !

19 Mathilde s'est .... quand elle a vu sa note. Elle a déchiré sa copie !

a énervé
b énervée
c énerver

20 ● Cette photo, c'est où ?
○ Aux Allues, c'est un .... village dans un cadre ....

a petit / impressionant
b impressionant / petit
c petit / beau

UNITÉ 3
À tort ou à raison

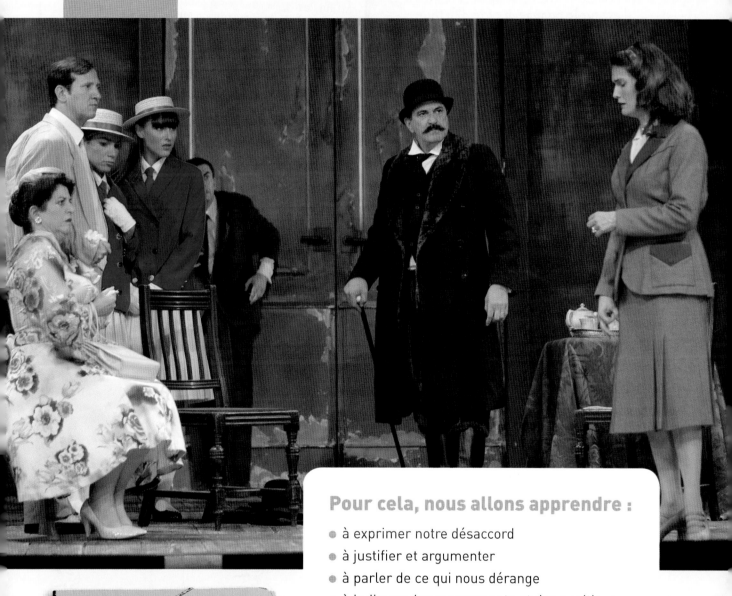

Pour cela, nous allons apprendre :

- à exprimer notre désaccord
- à justifier et argumenter
- à parler de ce qui nous dérange
- à indiquer des mouvements et des positions
- à expliquer la manière de faire les choses

Et nous allons utiliser :

- des verbes de position et de mouvement
- des locutions de lieu : **en face de, par terre, ...**
- **en** + participe présent : **en souriant, ...**
- sans + infinitif : **sans bouger, ...**
- les adverbes en –ment : **violemment, ...**

NOTRE PORTFOLIO ★★★

Dans cette unité, nous allons...

écrire une pièce de théâtre sur le thème de la famille et la représenter.

3 1. Mise en scène

1 Acte 1, scène 1

A. L'illustrateur qui a dessiné la scène a commis six erreurs. Lis le texte et compare-le avec le dessin pour les trouver.

L'ordinateur n'est pas sur la petite table, il est sur le canapé, à côté d'Arthur.

La scène se passe dans le salon. Au centre de la pièce, on voit un canapé jaune avec des coussins orange et jaunes. Devant, il y a une petite table en bois avec une pile de magazines, un ordinateur portable ouvert et une bouteille de jus d'orange. Contre le mur, en face du canapé, il y a un grand meuble en bois et la télévision à écran plat au-dessus. Sur le meuble, on voit des clés et une paire de lunettes. À gauche, il y a une grande fenêtre avec des rideaux blancs. Trois photos de famille sont accrochées au mur. Des vêtements traînent un peu partout dans la pièce : une veste grise sur le canapé, des chaussettes blanches par terre, une basket et un pull sous la table. Arthur, le fils, est allongé sur le canapé, il regarde la télé et écoute de la musique sur son MP4 en même temps. Sa mère est à la porte de la cuisine. Elle n'est pas contente car elle attend des invités et le salon est en désordre. Elle porte une robe rouge et un long collier noir.

B. Compare ensuite tes réponses à celles d'un de tes camarades.

2 Croquis

A. L'illustrateur a fait quatre croquis pour la même scène mais un seul est correct. Écoute les instructions du metteur en scène et trouve celui qui correspond aux indications.

Pistes 29-30

B. À toi de jouer maintenant ! Fais le croquis d'une scène dans ton cahier sans le montrer. Tu peux dessiner des personnes, des meubles, des objets, etc. Puis, demande à un camarade de le dessiner à partir de tes indications.

Il y a un bureau avec des livres dessus. À droite des livres, il y a un ordinateur portable et à gauche, un pot avec des stylos dedans. Contre le mur...

C. Vérifie ensuite si ton croquis ressemble à celui dessiné par ton camarade et, à deux, commentez les différences.

3 **En scène !**

A. Lis cet extrait de pièce de théâtre et observe comment on indique la manière de faire les choses. Complète le tableau.

(*La mère vient d'entrer dans la chambre de Célia qui est en train de lire tranquillement un magazine, allongée sur son lit. Célia ne bouge pas, elle continue à lire.*)

LA MÈRE (*Debout sur le pas de la porte, sans bouger.*) : Célia, tu as sorti les poubelles ?
CÉLIA : Hmmm ?
LA MÈRE (*Plus fort et en détachant chaque mot, elle commence à s'énerver.*) : Est-ce que tu as sorti les poubelles ?
CÉLIA : Non, pas encore.
LA MÈRE (*Un peu plus en colère*) : Tu exagères, ça fait une heure que je te l'ai demandé !
CÉLIA (*Elle arrête de lire et s'assied en soupirant.*) : Ça va, j'y vais. T'énerve pas !
LA MÈRE (*Elle se calme un peu.*) : Je ne m'énerve pas, mais c'est toujours la même chose avec toi. Il faut tout te demander trois fois. Tu pourrais faire un effort quand même !

CÉLIA (*En souriant, elle fait un geste du bras pour montrer sa chambre.*) : J'en fais des efforts, j'ai rangé ma chambre ce matin, regarde.
LA MÈRE (*Elle se met à marcher nerveusement dans la chambre.*): Tu veux rire ! Tu appelles ça ranger ?! (*Ironique*) Si tu veux, je range moi, ça va être rapide tu sais !
CÉLIA (*Sans bouger et un peu exaspérée*) : Ouais, ouais, je sais, ça va...
LA MÈRE : Bon, tu les sors, ces poubelles !
CÉLIA : Pfff, ouais... dans cinq minutes, je finis ma page.
(*Elle recommence à lire.*)
LA MÈRE : Non ! Pas dans cinq minutes, tout de suite !
(*Elle est sur le point de sortir, mais elle revient sur ses pas. Elle prend violemment le magazine des mains de Célia et sort en claquant la porte.*)

---

adverbe	en + participe présent	sans + infinitif
	en détachant	

B. Comment sont indiqués les mouvements des personnages ? Note les expressions.

C. Retrouve dans ta langue les formes équivalentes à celles du tableau et aux expressions que tu as relevées.

On a besoin de...

Mouvements et positions

Mouvements	Positions
se mettre debout	être debout
se lever	être allongé
s'éloigner de	être couché
se coucher	être assis

Exprimer la manière

en + participe présent

sourire	→	**en** souri**ant**
montrer	→	**en** montr**ant**
faire	→	**en** fai**sant**

Les adverbes en –ment

Masculin	Féminin	Adverbe
tranquille	tranquille	tranquill**ement**
calme	calme	calm**ement**
lent	lent**e**	lent**ement**
nerveux	nerv**euse**	nerv**eusement**

Adjectif	Adverbe
pati**ent**	pati**emment***
méch**ant**	méch**amment**

 *Le e se prononce [a] quand il est suivi de deux m.

sans + infinitif

sans bouger
sans dire un mot

Périphrases verbales

se mettre à : **Il s'est mis à** courir.
être sur le point de : **On est sur le point de** partir.
venir de : **Elle vient d'**arriver.
être en train de : **Elle est en train de** lire.

Locutions de lieu

Au centre de la pièce, ...
En face du canapé, ...
Au-dessus / au-dessous de la fenêtre, ...
À gauche / à droite de la porte, ...
Il y a un papier **par terre**.

4 Les costumes

A. Regarde le dessin et la liste ci-dessous. Essaie de relier chaque mot à un vêtement ou un accessoire du dessin. Pour les mots que tu ne connais pas, tu peux t'aider des couleurs, des formes, des mots que tu connais dans d'autres langues ou du dictionnaire...

une robe du soir rose à paillettes
des talons aiguilles roses
des escarpins bleus
des chaussures en cuir noires
un survêtement rouge et bleu
un pantalon marron
une chemise à carreaux
un chapeau gris
un imperméable marron clair
un costume gris clair
un tailleur bleu ciel
une mini-jupe à fleurs
un sac à main en cuir noir
une canne
un parapluie bleu
des lunettes de soleil
une cravate à rayures grises et violettes

B. Ces deux jeunes acteurs doivent se déguiser pour jouer les rôles suivants. Quels vêtements vont-ils porter ? À deux, choisissez au moins trois objets de la liste pour chaque rôle puis décrivez les personnages. Vous pouvez ajouter ce qui vous semble nécessaire.

- une actrice au festival de Cannes
- un centenaire en pleine forme
- une comptable dans une multinationale
- un détective privé qui mène une enquête

• Le détective privé peut porter un imperméable.
○ D'accord et...

5 Humeurs

Piste 31

A. Quand on est acteur, il est très important de bien exprimer l'humeur et les sentiments des personnages que l'on interprète. Écoute bien chacun de ces personnages (chaque phrase est dite deux fois) et dis s'il/elle est...

content/e
surpris/e
en colère
triste

B. À vous de jouer maintenant ! À deux, écrivez quatre phrases et entraînez-vous à les dire sur des tons différents. Ensuite, le reste de la classe doit deviner de quelle humeur vous êtes.

6 Vivre ensemble

Voici une liste de ce que des frères / sœurs / parents font souvent. Dis qui fait quoi dans ta famille et comment tu réagis. Tu peux utiliser les formules de *On a besoin de*.

- prendre tes affaires sans te demander
- changer de chaîne sans prévenir
- monopoliser le téléphone pendant des heures
- parler fort au téléphone
- se servir la plus grosse part à table
- occuper la salle de bains pendant une heure
- mettre tes vêtements
- entrer dans ta chambre quand tu n'y es pas
- fouiller dans tes affaires
- te réveiller en parlant fort le matin
- t'accompagner au collège et t'embrasser pour te dire au revoir
- t'appeler « mon/ma chéri(e) » devant tes amis
- regarder dans ton agenda

Mon petit frère prend mes affaires sans me demander la permission. Je ne supporte pas ça !

7 Portraits de famille

A. Par groupes de cinq, vous allez imaginer, pour votre pièce de théâtre, une famille d'au moins cinq membres. Vous devez décider pour chacun d'eux les choses suivantes :

– le nom, l'âge, la profession ou l'activité
– le caractère et la personnalité
– les goûts et les habitudes
– les relations avec les autres

B. Maintenant, vous allez faire un poster avec votre famille imaginaire. Découpez et collez une photo pour chaque membre de la famille et écrivez les informations sur chacun.

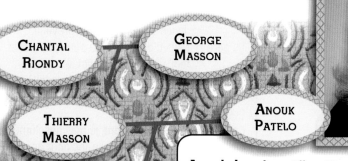

Anouk, la mère – Elle a 45 ans et travaille dans un grand hôtel. Elle lit beaucoup et adore jardiner. Pour se détendre après le travail, elle écoute du jazz. Elle est très dynamique et a un caractère plutôt agréable. En général, elle s'entend assez bien avec tout le monde car elle sait écouter. Elle n'a pas trop de problèmes avec sa fille Mélanie, car elle est très compréhensive avec elle et elle sait lui faire confiance. Par contre, elle a du mal à supporter George, son beau-père, car il est souvent très indiscret.

On a besoin de...

Vêtements et accessoires

Une jupe (description)	**à** fleurs
	à paillettes
	à carreaux
	à volants
	à rayures
(matière)	**en** laine
	en soie
Des chaussures (description)	**à** talons
(matière)	**en** cuir
(fonction)	**de** montagne
Une robe	**de** soirée
Des lunettes	**de** soleil

Humeurs

Julien **est en colère contre** ses parents.

Il est **de bonne / mauvaise humeur**, **triste**, **énervé**, **content**, **inquiet**, **nerveux**...

Décrire le caractère

Il est **très / assez / trop** compréhensif.

C'est une personne **un peu** spéciale.

Il est **plutôt** timide.

Réagir face aux actions des autres

Je ne supporte pas ça.
Ça m'agace.
Ça m'énerve.
Ça m'embête.
Ça me dérange un peu.
Ça ne me dérange pas.
Ça ne me fait rien.
Ça m'est égal.

8 Disputes

A. Écoute les conversations de cette famille.
À quel dessin correspond chacune d'elles ?

Pistes
32-34

1

Le père :	Tu as sorti Félix aujourd'hui ?
Sarah :	Non, pas encore, j'ai pas eu le temps.
Le père :	Tu te rappelles ce qu'on a dit, non ? Tu voulais un chien, d'accord, mais il faut t'occuper de lui.
Sarah :	Ouais, mais j'en ai marre, c'est toujours moi ! C'est aussi le chien de toute la famille. Tania joue avec lui, elle pourrait aussi le sortir.
Le père :	Peut-être, mais c'est ton chien, c'est ta responsabilité.
Sarah :	Pfff, c'est pas juste !
Le père :	Sarah, ça suffit ! C'est ton chien, tu le sors, un point c'est tout !

B

2

La mère :	Sarah, je t'ai déjà dit non.
Sarah :	Mais maman…
La mère :	Il n'y a pas de « mais maman »… Écoute, je trouve que 5 euros par semaine, ça fait déjà beaucoup. C'est plus que suffisant.
Sarah :	Mais je peux rien acheter avec ça !
La mère :	Ton problème, c'est que tu veux tout, tu ne sais pas choisir. Il faut apprendre à faire avec ce que tu as.
Sarah :	Tu parles, 5 euros c'est ridicule ! Mes copines, elles ont plus !
La mère :	Je suis contente pour elles !
Sarah :	Allez, sois sympa !
La mère :	Sarah, tu arrêtes une bonne fois pour toute ! Et n'insiste plus, sinon, je le supprime, ton argent de poche !

B. Réécoute les conversations
et complète le tableau.

	1	2	3
Thème de la discussion			
Qui parle ?			
Quel est le problème ?			

3

La mère :	Allô chéri, c'est moi. Tu es où ?
Le père :	Au bureau, pourquoi ?
La mère :	Comment ça au bureau ? Je t'attends, moi ! On va chez Paul et Annick ce soir, tu n'as pas oublié, j'espère ?
Le père :	Oh zut, c'est vrai ! Je ne me rappelais plus du tout !
La mère :	Bon, si tu viens maintenant ça va. Je les appelle pour les prévenir.
Le père :	Mais c'est que je ne peux pas y aller, moi, j'ai trop de boulot là.
La mère :	Ah non ! Tu exagères ! On a déjà annulé la dernière fois. Tu ne peux pas finir ton travail demain ?
Le père :	Non, c'est urgent, je dois absolument finir ce soir. Appelle-les pour annuler. Dis-leur de venir chez nous demain soir.
La mère :	Alors là, non ! C'est hors de question ! Si tu annules, c'est toi qui les appelles !
Le père :	S'il te plaît, chérie ! J'ai pas le temps, moi !
La mère :	Eh bien tu le trouves, le temps !

C

C. Lis la transcription de ces dialogues puis, à deux, dites qui a raison dans chaque situation et justifiez votre choix.

Un peu de français familier

Le boulot = Le travail
J'en ai marre ! = J'en ai assez !

- Dans le dialogue 1, je crois que Sarah a raison, les autres aussi peuvent sortir le chien.
- Oui mais, ...

9   Intonation : la colère, l'énervement

Piste 35

Dans ces extraits de conversations, il y a des expressions pour exprimer la colère, le désaccord ou l'énervement. Écoute et lis les différentes manières de dire la même chose. Qui est le plus en colère ? Indique si c'est A ou B.

①   **A** : Tu y vas, un point c'est tout !
     B : Allez, vas-y maintenant !

②   **A** : Vraiment, là, tu exagères !
     B : Tu as un peu dépassé les limites, non ?

③   **A** : Te prêter la voiture ? Tu rigoles !
     B : Te prêter la voiture ? C'est hors de question !

④   **A** : Tu descends une bonne fois pour toutes !
     B : Allez, descends, s'il te plaît !

⑤   **A** : Ne reste pas là, sors maintenant.
     B : Ça suffit maintenant, sors d'ici !

Des **sons** et des **lettres**

Exercices de style de Raymond Queneau

En 1947, Raymond Queneau publie *Exercices de style*, un de ses ouvrages les plus célèbres, dans lequel il raconte 99 fois la même histoire, simple et banale, de 99 manières différentes : dans un bus, le narrateur voit un jeune homme avec un long cou et portant un chapeau avec un ruban. Le jeune homme se dispute avec un autre voyageur puis va s'asseoir à une place qui se libère. Plus tard, le narrateur revoit le jeune homme en train de parler avec un ami qui lui conseille de déplacer un bouton de son pardessus.

Les *Exercices de style* ont été joués au théâtre et au cabaret pour la première fois en 1949. Depuis, une nouvelle adaptation pour la scène voit le jour chaque année. Ils ont aussi été chantés et adaptés pour la télévision.

Raymond Queneau
Exercices de style

folio

NOTATIONS

Dans l'S, à une heure d'affluence. Un type dans les vingt-six ans, chapeau mou avec cordon remplaçant le ruban, cou trop long comme si on lui avait tiré dessus. Les gens descendent. Le type en question s'irrite contre un voisin. Il lui reproche de le bousculer chaque fois qu'il passe quelqu'un. Ton pleurnichard qui se veut méchant. Comme il voit une place libre, se précipite dessus.

Deux heures plus tard, je le rencontre cour de Rome, devant la gare Saint-Lazare. Il est avec un camarade qui lui dit : « Tu devrais faire mettre un bouton supplémentaire à ton pardessus. » Il lui montre où (à l'échancrure) et pourquoi.

Raymond Queneau, "Notations" in *Exercices de Style*, FOLIO (1982), © Éditions Gallimard

L'ARC-EN-CIEL

Un jour, je me trouvais sur la plate-forme d'un autobus violet. Il y avait là un jeune homme assez ridicule : cou indigo, cordelière au chapeau. Tout d'un coup, il proteste contre un monsieur bleu. Il lui reproche notamment, d'une voix verte, de le bousculer chaque fois qu'il descend des gens. Ceci dit, il se précipite, vers une place jaune, pour s'y asseoir.

Deux heures plus tard, je le rencontre devant une gare orangée. Il est avec un ami qui lui conseille de faire ajouter un bouton à son pardessus rouge.

Raymond Queneau, "L'arc-en-ciel" in *Exercices de Style*, FOLIO (1982), © Éditions Gallimard

PRÉCISIONS

Dans un autobus de la ligne S, long de 10 mètres, large de 2,1, haut de 3,5, à 3km 600 de son point de départ, alors qu'il était chargé de 48 personnes, à 12 h. 17, un individu de sexe masculin, âgé de 27 ans 3 mois 8 jours, taille de 1 m 72 et pesant 65 kg et portant sur la tête un chapeau haut de 17 centimètres dont la calotte était entourée d'un ruban long de 35 centimètres, interpelle un homme âgé de 48 ans 4 mois 3 jours et de taille 1 m 68 et pesant 77 kg, au moyen de 14 mots dont l'énonciation dura 5 secondes et qui faisaient allusion à des déplacements involontaires de 15 à 20 millimètres. Il va ensuite s'asseoir à quelque 2m.10 de là.

118 minutes plus tard il se trouvait à 10 mètres de la gare Saint-Lazare, entrée banlieue, et se promenait de long en large sur un trajet de 30 mètres avec un camarade âgé de 28 ans, taille 1 m. 70 et pesant 71 kg qui lui conseilla en 15 mots de déplacer de 5 centimètres, dans la direction du zénith, un bouton de 3 centimètres de diamètre.

Raymond Queneau, "Précisions" in *Exercices de Style*, FOLIO (1982), © Éditions Gallimard

 À toi ! Écris une nouvelle version de cette histoire.

Théâtre et superstitions

Savez-vous que le monde du théâtre est entouré de superstitions ? En voici quelques-unes :

➤ Il existe des mots interdits. Par exemple, on ne dit pas « Bonne chance ! » à un acteur qui va entrer en scène, cela lui porterait malheur. On doit lui dire « Merde ! ». L'acteur, lui, ne doit surtout pas répondre « Merci ». Il peut ne rien dire ou alors répondre « Je le prends. ».

Le mot « corde » est aussi à bannir. Celui qui le prononce doit offrir à boire à tout le monde.

➤ Siffler sur scène est un autre interdit. On dit que cela attire les sifflets du public. L'origine de cette superstition est tout simplement qu'auparavant, on utilisait des sifflements codés pour communiquer les changements de décors. Si un acteur sifflait, il pouvait provoquer une confusion et perturber le déroulement du spectacle.

➤ Les fleurs ont leur langage au théâtre : on ne doit jamais offrir d'œillets à une comédienne mais des roses. Autrefois, les imprésarios offraient des œillets aux acteurs pour leur dire que leur contrat n'était pas renouvelé.

➤ Les couleurs enfin : le vert porte malheur en France, il est réputé maléfique. En Italie, c'est le violet ; au Royaume-Uni, le vert et le bleu et en Espagne, c'est le jaune.

Anecdote

Une jeune actrice a confié un jour à la grande Sarah Bernhardt* qu'avant d'entrer en scène, elle n'éprouvait jamais de trac. Et Sarah Bernhardt lui a répondu : *« Ne vous en faites pas, cela vient avec le talent. »*

*Sarah Bernhardt (1844-1923), comédienne de théâtre à grand succès, surnommée *la Voix d'or* ou *la Divine*.

Tu connais d'autres superstitions du monde du théâtre ou du spectacle ? Elles sont différentes dans ton pays ? Raconte-les !

Festivals de théâtre

Il existe en France plusieurs festivals de théâtre de rue, en voici trois parmi les plus célèbres.

Le festival d'Aurillac

Créé en 1986, il a rapidement acquis une grande notoriété. Il se tient à la fin du mois d'août dans les rues d'Aurillac et accueille chaque année plus de 400 compagnies de tous les horizons. C'est un rendez-vous incontournable pour les amateurs des arts de rue en France.

Le festival de Tragos

Il existe depuis 1978 et a la particularité d'être le plus long d'Europe. En effet, il a lieu durant les mois de juillet et d'août à Cavalaire-sur-Mer. Les spectacles sont assurés par la Compagnie de Tragos (organisatrice du festival) et par plus de 30 autres compagnies amateurs et professionnelles.

Le festival d'Avignon

Fondé en 1947, il a lieu chaque année en juillet dans les rues et les théâtres du centre historique d'Avignon dont la fameuse Cour d'honneur du Palais des Papes. D'une durée d'une semaine à l'origine, il est passé à 3 ou 4 semaines de spectacles actuellement. Le festival s'est rapidement ouvert aux autres arts du spectacle et accueille également aujourd'hui de la danse contemporaine, des mimes, des marionnettes, du théâtre musical, des spectacles équestres, ainsi que différents arts de rue.

La maison pour le week-end

de Renaud Loizeau

samedi 13 janvier

avec
Laurent Boris, Anaïs Camet,
Cindy Larotet, Béa Bigalin, Caline Gaple
et Mathilde Taveau

Tous en scène ! Entraînez-vous à préparer une pièce de théâtre :

A. En groupe, avant de jouer la scène, vous devrez essayer de définir l'ambiance et le type de personnages. Dites comment vous les imaginez. Pensez aussi à décrire les vêtements que portent les personnages.

B. Apprenez les dialogues et jouez la scène pour vos camarades.

Synopsis : les parents de deux ados leur laissent la maison pour la première fois pendant un week-end. Ils vont en profiter pour inviter leurs amis…

PREMIÈRE SCÈNE : LE DÉPART DES PARENTS

La scène se passe dans le couloir de la maison près de la porte d'entrée… pour éviter trop de décor cela peut se faire devant le rideau. Amanda et Nelson au pied de la porte disant au revoir à leurs parents qu'on ne voit pas.

Amanda : *(Faisant de grands signes de la main)* Au revoir…

Nelson : Et, surtout… Bon week-end !

(Voix off) La maman : Faites bien attention à toutes les recommandations qu'on vous a données. Et s'il y a un problème…
(Elle n'a pas le temps de finir sa phrase)

Amanda : Oui s'il y a un problème on sait, on appelle le 06 14 15 16 17.

Nelson : Ou le 18 s'il y a le feu. *(Il rigole de ce qu'il vient de dire.)*

(Voix off) La maman : À bientôt mes chéris… *(Le bruit du moteur de la voiture se fait entendre. Les deux jeunes vérifient que la voiture est bien partie. Ils referment la porte. Se regardent. Ils se tapent dans les mains.)*

Ensemble : Ouais. Cool ! Méga Cool ! Super méga cool ! *(Trouver une gestuelle amusante.)*

Amanda : Un week-end entier sans LES PARENTS !

Nelson : Tenaces, quand même les parents… J'ai cru qu'ils ne partiraient jamais.

Amanda : Attends, mais j'ai trop eu les boules moi, quand j'ai vu maman ce matin… *(Elle l'imite.)* Oh ! les enfants ! Je crois que ça ne va pas. Je pense que finalement on va devoir rester, je ne peux décidément pas partir dans cet état ! *(Elle arrête de l'imiter en changeant de ton.)* Oh la peste !

Nelson : Moi aussi, j'ai eu trop peur.

Amanda : Heureusement, elle a finie par dire… toute fière de son coup *(Elle reprend l'imitation de sa mère.)* Mais non les enfants… c'était une blague !!!

Nelson : Ouais… Vraiment pas drôle comme blague !

Amanda : Bon, ce n'est pas le tout, mais maintenant au boulot ! Y a plus une minute à perdre.

Nelson : Tu as raison, la liberté ça fait tellement de bien…

Le rideau s'ouvre sur une salle à manger normale (grande table et chaises ou banc, des meubles si possible, peut-être des tableaux aux murs…).

Nelson : *(Il le dit en se dirigeant vers le téléphone.)* On commence par qui ?

Amanda : Par mes copines… bien sûr… Qu'est-ce que tu crois ? Pour tes copains, tu te débrouilleras tout seul… après !

Nelson : *(Super déçu)* J'ai peut-être parlé trop vite, moi. Les parents sont partis mais j'avais oublié qu'ils ne t'emmenaient pas dans leurs valises… À mon grand désespoir… Malheureusement !

Amanda : Et oui, il faudra bien te faire à ma présence et *(Tout en le taquinant)* de toute façon, il fallait bien que quelqu'un reste pour te surveiller… Et pis, d'abord, c'est qui l'aînée… non mais ?

Nelson : Oui, alors ça, c'est petit, tout petit, parce que t'es peut-être l'aînée mais, de très peu…

Amanda : Très peu !? Un quart d'heure… je trouve pas ça peu… c'est beaucoup même… en tout cas assez pour que ce soit mes copines qu'on appelle en premier… Alors dégage du téléphone et passe-moi le combiné.

Nelson : Je peux au moins savoir qui tu comptes inviter…

Amanda : Ah ! Ah, tu veux savoir ! *(Suspicieuse)* Et pourquoi ça t'intéresse ?… Mais dis-moi… Depuis quand tu t'intéresses… à mes copines, toi ?

Nelson : Ah mais non ! Enfin depuis toujours… j'veux dire depuis…

Amanda : Allez, dis-moi tout !… Ne me cache rien, de toute façon, je devine tout. On n'est pas jumeaux pour rien.

Nelson : Tu le dis toi-même. Puisque tu devines tout, je ne voudrais pas te gâcher le plaisir de trouver toute seule…

Amanda : *(Choquée)* T'es amoureux d'une de mes copines. *(Son frère ne dit rien comme s'il approuvait.)* C'est vrai… c'est ça. *(Elle saute dans tout les sens en hurlant.)* Il est amoureux, il est amoureux *(Elle le montre du doigt.)* il est amoureux d'une de mes copines… J'en reviens pas !

Nelson : Oui bon ça va, tu ne vas pas le crier sur tous les toits.

Amanda : Mais si, bien sur que si, que je vais le crier partout ! C'est trop fort ça ! Mon frère Nelson est amoureux d'une de mes copines… *(Elle le regarde.)* Mais laquelle… *(Insistant de plus en plus sur chaque prénom qu'elle donnera.)* Virginie… Léa… Marina… Alicia… C'est ça, c'est… Vite faut que je les appelle !

RÉPÉTER, ENCORE RÉPÉTER JUSQU'À LA PREMIÈRE !

Nous allons écrire une pièce de théâtre sur le thème de la famille et la représenter

1 Écrivez le synopsis de votre pièce.

2 Définissez les personnages. Il vous en faut autant que de membres dans votre groupe. Utilisez tous les outils vus dans cette unité.

3 Si votre pièce est en plusieurs scènes, écrivez le résumé de chacune.

4 Rédigez les dialogues avec les didascalies (annotations) nécessaires. Vous pouvez utiliser les exemples de l'activité 3.

5 Préparez l'introduction où est décrite la scène et ce que font les personnages quand l'action commence.

6 Distribuez-vous les rôles et apprenez-les.

7 Cherchez ou fabriquez vous-mêmes les accessoires pour la pièce.

8 Créez votre propre affiche pour annoncer la représentation.

9 Faites toutes les répétitions nécessaires.

10 Jouez la pièce et, si possible, filmez-la.

IL NOUS FAUT :

✓ de grandes feuilles pour l'affiche
✓ des photos
✓ de la peinture, des couleurs
✓ des accessoires

UNITÉ 4

Alors, en forme ?

NOTRE PORTFOLIO ★ ★ ★

Pour cela, nous allons apprendre :

- à parler de nos habitudes alimentaires
- à parler de problèmes de santé
- à organiser un récit oral ou écrit

Et nous allons utiliser :

- les quantitatifs : articles partitifs
- les marqueurs temporels
- l'expression de la cause et de la conséquence (1)
- l'expression du but (1)
- l'expression de l'opposition (1)
- le pronom **en**

Dans cette unité, nous allons...

élaborer un test sur nos habitudes quotidiennes et notre santé.

1 Les courses

A. Ces deux étudiants, Salim et Julien, reviennent de faire leurs courses pour la semaine. À deux, regardez ce qu'ils ont acheté et comparez avec leur liste. Qu'est-ce qu'ils ont oublié ?

> du beurre, de l'huile, des yaourts,
> du lait, du pain, des pâtes, du fromage,
> du riz, des pommes, des poires, du raisin,
> des pommes de terre, des oignons,
> des carottes, des biscuits, du soda,
> de la confiture, des œufs, des lentilles,
> de la viande, du chocolat, des céréales,
> des chips, du thon, des haricots

B. Maintenant, classe tous les produits de leur liste dans ce tableau. Certains peuvent aller dans plusieurs colonnes. Compare ensuite ton tableau avec celui de ton voisin et, finalement, exposez vos conclusions au reste de la classe.

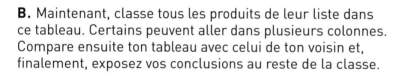

Produits contenant du sucre	Produits contenant des graisses	Produits contenant des vitamines	Produits contenant des protéines	Produits contenant des glucides

C. Tu crois que ces deux étudiants ont une alimentation équilibrée ? Pourquoi ? Parles-en avec toute la classe.

- Je crois que leur alimentation est équilibrée parce qu'ils mangent des fruits.
- Oui, mais ils n'en mangent pas beaucoup.

D. Écoute maintenant les conseils d'un nutritionniste pour avoir une alimentation équilibrée. Complète ton tableau avec les produits qu'il mentionne et note au moins trois de ses conseils.

Piste 37

E. Qu'est-ce que tu as mangé au petit déjeuner ? Tu penses que c'était équilibré ?

> Moi, au petit déjeuner, j'ai bu un jus d'orange et j'ai mangé des céréales avec du lait. Je pense que c'est un petit déjeuner équilibré, ...

2 À table !

Piste 38

A. Julien et Salim invitent des copains à manger chez eux. Voici ce qu'ils vont préparer. Écoute et complète la première recette avec les quantités manquantes.

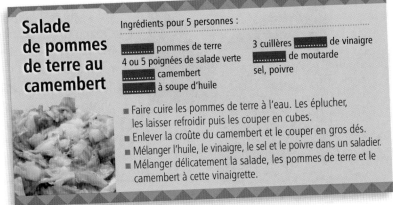

Salade de pommes de terre au camembert

Ingrédients pour 5 personnes :

▪▪▪▪ pommes de terre
4 ou 5 poignées de salade verte
▪▪▪▪ camembert
▪▪▪▪ à soupe d'huile

3 cuillères ▪▪▪▪ de vinaigre
▪▪▪▪ de moutarde
sel, poivre

- Faire cuire les pommes de terre à l'eau. Les éplucher, les laisser refroidir puis les couper en cubes.
- Enlever la croûte du camembert et le couper en gros dés.
- Mélanger l'huile, le vinaigre, le sel et le poivre dans un saladier.
- Mélanger délicatement la salade, les pommes de terre et le camembert à cette vinaigrette.

B. Lis les trois recettes de cette page. Laquelle tu préfères ? Laquelle est la plus facile à réaliser ?

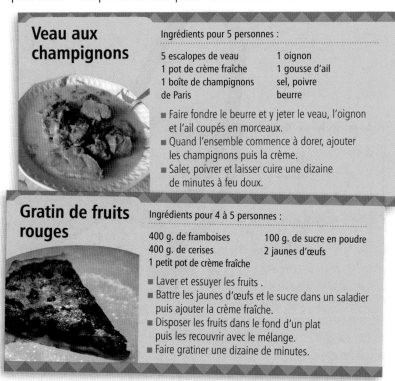

Veau aux champignons

Ingrédients pour 5 personnes :

5 escalopes de veau
1 pot de crème fraîche
1 boîte de champignons de Paris

1 oignon
1 gousse d'ail
sel, poivre
beurre

- Faire fondre le beurre et y jeter le veau, l'oignon et l'ail coupés en morceaux.
- Quand l'ensemble commence à dorer, ajouter les champignons puis la crème.
- Saler, poivrer et laisser cuire une dizaine de minutes à feu doux.

Gratin de fruits rouges

Ingrédients pour 4 à 5 personnes :

400 g. de framboises
400 g. de cerises
1 petit pot de crème fraîche

100 g. de sucre en poudre
2 jaunes d'œufs

- Laver et essuyer les fruits .
- Battre les jaunes d'œufs et le sucre dans un saladier puis ajouter la crème fraîche.
- Disposer les fruits dans le fond d'un plat puis les recouvrir avec le mélange.
- Faire gratiner une dizaine de minutes.

C. Que penses-tu de ce repas ? Te semble-t-il équilibré ? Faut-il changer quelque chose ? Si oui, quoi ?
À deux, discutez-en puis présentez vos impressions au reste de la classe.

● Moi, je crois que ce repas est équilibré parce qu'ils mangent de tout.
○ Oui, mais il y a beaucoup de crème et...

D. À trois, proposez un repas équilibré et expliquez comment préparer un des plats. Si nécessaire, utilisez un dictionnaire pour rédiger la recette.

J'ai un chat dans la gorge !

Mais tu ne manges pas de viande, toi ! Tu manges de l'herbe !!

3 L'image

Pistes 39-41

A. Quelle importance accordons-nous à notre physique ?
Écoute ces trois personnes qui répondent aux questions posées par un journaliste. Note leurs réponses dans le tableau.

	1	2	3	4	5	6
1 Fiona	Les yeux					
2 Jérémy						
3 Chloé						

❶ Quelle est la partie de ton corps que tu préfères ?
❷ Tu aimerais changer une partie de ton corps ? Laquelle ?
❸ Que penses-tu de la chirurgie esthétique ?
❹ Quand tu passes devant un miroir ou une vitrine, tu te regardes ?
❺ Tu aimes bien te voir en photo ?
❻ As-tu déjà fait un régime ?
❼ Que penses-tu des tatouages et des piercings .

B. À toi de répondre aux questions du journaliste. Ensuite pose-les à un camarade.

4 Le culte de l'image

Lis le texte et complète les phrases.

– Avant les années 2000, les critères de beauté sont…
– Après les années 2000, …
– Les jeunes sont influençables, c'est pour ça que…
– Les conséquences sont que…
– Des mesures sont prises pour…

MIROIR, MIROIR, DIS-MOI QUI EST LA PLUS BELLE !

La réponse varie en fonction des époques. Au début du siècle dernier, une femme devait être ronde pour plaire car les rondeurs étaient synonymes de santé, de prospérité et de fertilité. Mais ces critères ont évolué avec la société. Chaque décennie a eu sa mode et on a vu défiler les corsets, les cheveux courts, les bikinis…

Les modes incitent parfois à modeler le corps : si, dans les années 80, on le muscle, par contre, dans les années 90, on voit apparaître les os. Les mannequins sont très maigres, les silhouettes sont filiformes et d'allure anorexique.

Dans les années 2000, les mannequins sont toujours très minces. Les femmes ont des visages creusés et semblent fragiles. Les hommes, eux, sont très musclés et complètement imberbes. Ces images, loin de la réalité de la majorité des gens, sont malheureusement souvent prises comme modèles. Les jeunes y sont particulièrement sensibles et adoptent parfois des attitudes à risques pour leur ressembler : on mange comme quatre pour devenir fort ou au contraire on se prive afin d'avoir un physique de mannequin.

Comme ces comportements ont, dans certains cas, des conséquences dramatiques sur la santé des adolescents –les filles en particulier–, certains pays commencent à interdire aux mannequins trop maigres de défiler. Ce type de mesures devrait permettre de voir prochainement des images plus proches de la réalité, mais il est aussi important de rappeler qu'un corps peut être « ni trop gros ni trop maigre » grâce à une alimentation saine et à un peu d'exercice régulier.

5 Savoir dire NON !

Voici les différents paragraphes d'un article.
Avec un camarade, essaie de le reconstituer.

Et enfin, c'est l'engrenage, la dépendance physique et psychologique : à cause des taux élevés de nicotine dans le tabac, on a l'impression que la cigarette détend ou réduit l'angoisse que l'on peut ressentir parfois.

Afin de les attirer, les différentes marques de cigarettes créent leurs vêtements, utilisent des stars pour valoriser leurs produits, distribuent des échantillons gratuits ou organisent des jeux-concours. Il y a aussi, bien sûr, les paquets de 10 cigarettes, plus adaptés au budget des ados.

Ensuite, on fume pour faire comme les copains et ne pas être exclu du groupe. À l'intérieur de ce groupe, on se lance des défis : fumer sans tousser, faire des ronds de fumée...

Les enfants ne rêvent pas de fumer quand ils seront grands car le tabac sent mauvais et qu'en plus ce n'est pas bon pour la santé. Mais, devenus adolescents, ces à priori disparaissent et ils commencent à fumer. Pourquoi ?

Comme les jeunes d'aujourd'hui sont susceptibles de constituer le marché de demain, ils sont une cible privilégiée et prioritaire et donc les efforts dans leur direction sont très importants.

En plus des raisons particulières à chacun, il y a aussi les publicités pour le tabac qui font en sorte que les adolescents voient la cigarette comme un symbole d'aventure ou de bien être.

Les raisons qui les conduisent à fumer sont diverses. D'abord, il y a la tentation d'une nouvelle expérience : on essaie une première fois par curiosité, pour "voir comment c'est".

Grâce à ces différentes stratégies, petit à petit, elles réussissent à s'installer et à devenir un élément normal de notre vie quotidienne sans que l'on s'en rende compte. C'est pour cela qu'il faut rester vigilant et savoir dire non avant qu'il ne soit trop tard.

6 Et si on se relaxait ?

A. Voici deux exercices de relaxation simples.
Lis les explications et essaie de les faire.

Tes journées sont souvent difficiles ? Trop de cours
et pas assez de détente ? Les examens te stressent ?
Voici des exercices simples pour te relaxer.

LE PINGOUIN

Tu peux faire cet exercice quand tu ressens de la tension dans les épaules
ou la nuque, mais ne le fais pas si tu as des vertiges.
Assieds-toi dans une position confortable. Baisse légèrement le menton
vers ta poitrine, cela va redresser ta colonne vertébrale. Ton dos doit être
bien droit et ta colonne vertébrale étirée.
Quand tu inspires, hausse les épaules, ensuite souffle énergiquement par
le nez comme si tu avais des poussières dans les narines. Ferme bien
la bouche. Relâche tes épaules chaque fois que tu expires.
Tu peux répéter cet exercice une dizaine de fois.
Avant de terminer, inspire lentement et profondément. Bloque l'air pendant
2 secondes puis expire lentement.

LA RESPIRATION DES 4 VISAGES

Cet exercice est à faire quand tu es stressé(e) ou quand tu as l'impression
que ta tête va exploser (après une journée difficile, avant un examen...).
Il va te permettre d'apporter de l'oxygène à ton cerveau et de détendre
ta nuque. Mets-toi debout ou assis, avec les pieds à plat sur le sol et le dos
bien droit. Inspire et tourne la tête à gauche en expirant, puis, fais la même
chose en tournant, à droite, en haut et enfin, en bas.
Tu peux faire des séries de 3 à 10 inspirations selon ton état de fatigue
et de stress.

B. Tu connais d'autres exercices pour te détendre ou pour te
maintenir en forme ? Tu peux en expliquer un à la classe ?

7 Les remèdes de grand-mère

Piste 42

A. Les grands-mères ont toujours
une solution pratique et économique
contre les petits problèmes du quotidien.
Écoute les auditeurs de l'émission de
radio « Les remèdes de Mamie » et
propose une solution à chacun des
problèmes posés en choisissant parmi
les recettes suivantes.

*• Pour ton problème de dents, tu peux
utiliser du bicarbonate avec ton
dentifrice. Mets-en une pincée sur le
dentifrice chaque fois que tu te brosses
les dents.*

ACNÉ ET POINTS NOIRS

Il y a plusieurs solutions
contre l'acné :

- Avant de te coucher, mets un peu
  de dentifrice sur le bouton. Cela
  le fait sécher et il va disparaître.
- Pour faire disparaître très
  rapidement un bouton d'acné,
  il faut couper un citron en deux
  et l'appliquer plusieurs fois par
  jour sur le bouton.
- Pour les points noirs, tu peux
  utiliser du persil frais : prépare
  un jus avec le persil et applique-
  le directement sur les points
  noirs.

LES DENTS

Pour avoir des dents éclatantes,
ajoute une pincée de bicarbonate
de soude sur ton dentifrice
chaque fois que tu te brosses les
dents.

∞ MAUX DE DENTS

Quand tu as mal aux dents, mets
une bouillotte très chaude sous
tes pieds.
Ça a l'air incroyable, mais c'est
très efficace, tu verras !
Tu peux aussi prendre un clou
de girofle et l'appliquer sur la
partie douloureuse de ta dent.
Ça soulage très vite.

LES CHEVEUX

℘ POUX

Si tu as des poux, mélange de l'huile d'olive avec de l'huile essentielle de lavande et applique cette lotion sur tes cheveux.
Couvre-toi la tête avec un bonnet de bain. Après une heure, tu peux te les laver. Les poux disparaissent et les cheveux brillent !
Pour prévenir leur apparition, on peut aussi mettre quelques gouttes d'essence de lavande sur le col des chemises ou des tee-shirts.

℘ CHEVEUX BRILLANTS

Si tes cheveux sont ternes, prépare un mélange avec du jus de citron, du vinaigre et de l'eau tiède à parts égales. Applique cette préparation après le shampooing et laisse-la agir 2 à 3 minutes, ensuite rince à l'eau claire.

LES YEUX

Quand tu as des cernes, mets deux petites cuillères au congélateur pendant deux minutes. Place-les ensuite sur tes yeux. Tu peux aussi poser un coton avec du lait demi-écrémé sur chaque œil pendant 10 minutes.

On a besoin de...

Les marqueurs temporels

Actions habituelles

Utilise-le **chaque fois que / quand** tu te brosses les dents.

Si + indicatif

Si tu as des poux, utilise cette lotion.

Avant + nom / Avant de + infinitif / Après + nom

Applique cette crème	avant la douche.
	avant de te coucher.
	après le bain.

Pour + nom

Pour les cernes, prends cette crème.

Pour + infinitif

Bois ça avant d'aller dormir. Tu verras, ça ira mieux demain.

T'es sûre, Mamie ?

B. À toi ! Tu connais des trucs faciles et économiques ? Avec deux camarades, prolongez l'émission de radio avec d'autres questions et conseils puis jouez la scène.

---

8 ch [ʃ] ou g / j [ʒ] ?

A. Quel mot tu entends ?

Piste 43

	[ʃ]		[ʒ]			[ʃ]	[ʒ]
0	bouche	X	bouge		**4**	chose	j'ose
1	bouche		bouge	X	**5**	chou	joue
2	chats		déjà		**6**	lécher	léger
3	chance		agence		**7**	cache	cage

Piste 44

B. Tu entends [ʃ] comme ca**ch**e, j [ʒ] comme ca**g**e ou s [s] comme ca**ss**e ? Coche le mot que entendu.

- ☐ fiche
- ☐ haché
- ☐ lécher
- ☐ mâche
- ☐ cher
- ☐ chant

- ☐ fige
- ☐ âgé
- ☐ léger
- ☐ mage
- ☐ gère
- ☐ gens

- ☐ fils
- ☐ assez
- ☐ laisser
- ☐ masse
- ☐ serre
- ☐ sans

Des SONS et des lettres

Info santé plus

JE NE MANGE PLUS DE VIANDE ! VÉGÉTARIEN OU VÉGÉTALIEN ?

Le **végétarien** ne mange aucun aliment provenant de la chair des animaux : la viande, le poisson, les fruits de mer.
Le **végétalien** ne mange que des aliments d'origine végétale, il exclut la viande, le poisson, les fruits de mer, mais aussi les œufs et les produits laitiers.
Attention, ce type de régime est dangereux à ton âge, car il t'expose à de graves carences en fer, en vitamines, en calcium et en protéines !

BON À SAVOIR !

Une canette de soda de 33 cl contient l'équivalent de 6 sucres.

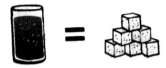

Pour le calcium : 1 verre de lait = 1 yaourt = une portion de 20 g. de fromage (type emmental ou comté).

15 à 20 minutes de rollers = 30 minutes de marche rapide... alors si ça n'est pas dangereux et quand tu peux, déplace-toi en rollers !... ou en skate, en trottinette, à vélo...

En France, il est interdit de conduire avec un taux d'alcool supérieur à 0,5 g. d'alcool par litre dans le sang, soit 2 apéritifs ou 2 verres de vin.

Petite histoire du bronzage

Il est difficile aujourd'hui d'imaginer revenir de vacances sans un joli bronzage ou au moins un peu de couleur. Pourtant, il n'en a pas toujours été ainsi et la mode du bronzage est finalement assez récente.

Durant des siècles, il a été mal vu d'avoir le teint bruni : la blancheur était le signe de la noblesse, de l'appartenance à une classe sociale aisée par opposition aux paysans qui travaillaient à l'extérieur et se salissaient. Différents moyens, souvent dangereux ou mortels, étaient utilisés pour obtenir une blancheur parfaite.

Les attitudes s'inversent complètement à partir de la fin des années 30 avec l'apparition des congés payés en 1936. Ceux qui en bénéficient peuvent se permettre des vacances au bord de la mer ou à la montagne et en reviennent reposés et bronzés. Un véritable changement social s'opère : le teint hâlé devient alors synonyme de situation sociale aisée. La mode du bronzage est à son point culminant dans les années 70. Il faut bronzer à tout prix mais, là encore, les produits utilisés ne sont pas toujours bons pour la santé : les crèmes et les huiles solaires ont des indices de protection faibles, ou alors on s'expose sans aucune protection. C'est seulement à partir des années 80 que l'on commence à faire plus attention.

Aujourd'hui, la mode du bronzage est toujours d'actualité, mais on se protège beaucoup plus car on connaît mieux les effets nocifs du soleil. Et la tendance n'est plus seulement de revenir bronzé de ses vacances, mais aussi de le rester le plus longtemps possible. Ou mieux encore, d'être bronzé toute l'année, même lorsque l'on travaille toute la journée dans un bureau, ce qui est devenu possible grâce aux cabines à UV.

JEANNIE LONGO : 50 ANS ET UNE FORME OLYMPIQUE !

Jeannie Longo est une coureur cycliste au palmarès impressionnant. Durant sa longue carrière sportive, elle cumule les titres : entre Jeux olympiques, Coupes du monde, Championnat du monde, Tour de France et records, ce sont au total 1059 victoires référencées jusqu'en 2008.

Elle a 21 ans lorsqu'elle commence sa carrière sportive en 1979 et en a 50 lors de sa septième participation aux Jeux olympiques à Pékin en 2008. Cette longévité sportive exceptionnelle, elle la doit autant à sa détermination qu'à son entourage et à son hygiène de vie.

Son entraîneur n'est autre que son mari qui la soutient inconditionnellement et avec qui elle monta une équipe cycliste féminine.

Côté alimentation, Jeannie Longo ne mange que des produits biologiques et frais qu'elle passe beaucoup de temps à cuisiner elle-même. Elle a d'ailleurs publié plusieurs ouvrages sur la diététique et ses secrets de longévité.

Prenons des notes !

Quelques chiffres

▶ **3** fois victorieuse du Tour de France (1987, 1988 et 1989)

▶ **7** participations aux Jeux olympiques : de Los Angeles en 1984 à Pékin en 2008. Médaille d'or à Atlanta en 1996

▶ **13** fois championne du monde

▶ **38** records

▶ **55** fois championne de France

TEST

Gastronomie française

Teste tes connaissances en gastonomie française ! Sais-tu ce qu'il y a dans ces plats ?

① Un *croque-monsieur*, c'est...
a- un sandwich chaud fait avec du pain de mie, du fromage et du jambon.
b- un gâteau salé avec des olives et du thon.

② Une *île flottante*, c'est...
a- une glace à la noix de coco sur une crème au chocolat.
b- des œufs en neige sur une crème anglaise (crème à la vanille).

③ Une *poire belle Hélène*, c'est...
a- un dessert chaud à base de poires, d'oranges et d'œufs.
b- une poire avec du chocolat chaud et de la glace à la vanille.

④ Une *charlotte*, c'est...
a- un gâteau fait avec des biscuits, des fruits ou du chocolat.
b- un gratin avec des pommes de terre, des courgettes et de la crème.

⑤ Un *taboulé*, c'est....
a- un plat parisien avec du poulet et des champignons.
b- une salade froide à base de semoule de blé.

⑥ Un *hachis parmentier*, c'est...
a- un plat préparé avec de la purée et de la viande hachée.
b- un plat froid fait avec du riz et du poisson.

⑦ Un *pot-au-feu*, c'est...
a- un plat d'hiver avec de la viande de bœuf et des légumes.
b- une soupe de légumes cuite dans un pot.

⑧ Une *quiche lorraine*, c'est...
a- une tarte sucrée à base de fromage frais et de pommes.
b- une tarte salée faite avec du fromage, des lardons et des œufs.

⑨ Une *vichyssoise*, c'est...
a- une soupe froide à base de poireaux et de pommes de terre.
b- un dessert à la menthe et au chocolat blanc.

⑩ Une *bouillabaisse*, c'est...
a- une soupe de poissons que l'on mange avec des croûtons de pain.
b- un gratin de pâtes à la sauce tomate.

Solutions : 1a – 2b – 3b – 4a – 5b – 6a – 7a – 8b – 9a – 10a

NOTRE PORTFOLIO

> **A.** Es-tu gourmand(e) ? Pour le savoir, réponds à ce test et découvre ton profil.

test : es-tu gourmand/e ?

Le chocolat, les sucreries, les gâteaux… tu adores ! Tu aimes aussi les bons petits plats préparés à la maison… Manger, c'est seulement une chose indispensable pour toi ou est-ce un véritable plaisir ?

1 **S'il n'y avait aucune conséquence, tu voudrais…**
- ♥ manger à volonté sans prendre un gramme.
- ♦ avaler des tonnes de bonbons sans avoir une crise de foie ou des caries.
- ♣ déguster un délicieux repas préparé par un grand chef.

2 **Tu fais attention à ton alimentation ?**
- ♥ Toujours, c'est important pour avoir un corps de rêve.
- ♣ Un peu, mais tu te fais plaisir de temps en temps.
- ♦ Pas du tout, tu manges de tout et quand tu en as envie.

3 **Quelle est ta devise ?**
- ♦ « Un bon repas finit toujours par un bon dessert ! »
- ♣ « Le sucré, c'est bon, mais attention ! »
- ♥ « Pour un corps sain, une alimentation saine ! »

4 **Qu'est-ce que tu aimes boire à table ?**
- ♣ Du jus de fruits.
- ♥ De l'eau.
- ♦ Du soda.

5 **Si tu as une tablette de chocolat entre les mains…**
- ♥ tu prends un carré et ça te suffit.
- ♦ tu la dévores, c'est inévitable !
- ♣ tu en manges un peu et tu en gardes pour plus tard !

6 **Quels plats tu préfères ?**
- ♣ Les plats sucrés.
- ♥ Les plats salés.
- ♦ Les mélanges sucré/salé.

7 **Les fêtes de fin d'année approchent.**
- ♥ Quelle angoisse, toute cette nourriture !
- ♣ Vite, mes cadeaux !
- ♦ Super, on va bien manger !

8 **Les régimes, …**
- ♥ tu les fais très sérieusement.
- ♦ tu n'en fais jamais.
- ♣ seulement en cas de besoin.

9 **Qu'est-ce que tu aimes le plus dans le fait de manger ?**
- ♦ Manger beaucoup quand tu as très faim !
- ♣ Les saveurs ! Toutes les saveurs !
- ♥ En famille ou entre amis, c'est toujours convivial !

10 **Après un repas très copieux, …**
- ♦ tu as encore un peu de place pour un petit dessert.
- ♥ tu es satisfait(e).
- ♣ tu tombes sur ta chaise et déboutonnes ton jean.

Tes résultats

Tu as une majorité de ♥
Tu es un(e) gourmand(e) raisonnable.
De temps en temps tu craques pour un bon gâteau, mais tu sais aussi te contrôler. Tu fais attention à ton alimentation, à ta santé, mais ça ne t'empêche pas d'apprécier un bon repas. Manger, pour toi, c'est aussi l'occasion de passer un moment agréable avec les gens que tu aimes. Continue à te faire plaisir !

Tu as une majorité de ♣
La gourmandise ? Tu connais pas !
Tu as une vie plutôt saine et tu n'es pas du genre à craquer pour un dessert si tu n'as plus faim. Ta ligne et ta santé sont importantes pour toi et tu te régales de fruits et de légumes frais. Tu aimes beaucoup les odeurs et les saveurs des plats que tu partages volontiers avec ta famille ou tes amis. Mais avoue, il y a bien un aliment qui te fait craquer ?

Tu as une majorité de ♦
Tu es un(e) gourmand(e) incorrigible !
Tu adores manger. Le sucré, le salé, tu aimes tout ! L'heure du repas est un grand moment pour toi et tu ne le rates jamais. Tu craques facilement quand tu passes devant une boulangerie et tu es incapable de manger seulement un carré de la tablette de chocolat. Tu te fais plaisir et c'est bien, mais essaie de savourer un bon repas plutôt que de l'avaler à toute vitesse. Tu verras, c'est agréable aussi !

> **B.** Commente tes résultats avec un camarade. Es-tu d'accord avec ton profil ?
>
> **C.** Cherche dans la classe les personnes qui ont le même profil que toi. Ensemble trouvez vos points communs et vos différences.

DIS-MOI
CE QUE TU MANGES...

Nous allons élaborer un test sur nos habitudes quotidiennes et notre santé.

1 Formez des groupes de 3 ou 4 personnes.

2 Observez bien comment est structuré le test de la page précédente.

3 Choisissez un thème pour votre test. Il doit être en rapport avec les sujets traités dans cette unité.

4 Élaborez les questions (une dizaine environ) et les réponses à choisir.

5 Décrivez les trois profils possibles.

6 Présentez votre test sur une page type magazine ou, si vous en avez la possibilité, mettez-le en ligne.

7 Faites faire votre test à vos camarades et découvrez leurs profils !

IL NOUS FAUT :

✓ des feuilles blanches
✓ des couleurs
✓ des coupures de magazine pour illustrer le test

Maintenant tu sais...

1 Tu sais déjà faire beaucoup de choses !

Maintenant, tu sais faire tout ça, non ?!
À trois, cherchez une phrase pour
compléter chaque rubrique.

Expliquer un but
- Pourquoi tu fais ces affiches ?
- Pour informer tout le monde de la réunion.

Réagir aux paroles de quelqu'un
Comment ?! Non, vraiment tu exagères cette fois !
M'excuser ? C'est hors de question !

Exprimer la manière de faire quelque chose
Tu m'as fait peur ! Tu es arrivé sans faire de bruit !
Pourquoi tu me regardes méchamment ?

Donner des instructions
Faire fondre le beurre dans une casserole.
Battez les jaunes d'œufs, puis ajoutez la farine.

Décrire des mouvements et des positions
Samy s'assoit toujours à côté de moi en cours.
Katia est restée allongée toute la matinée, elle est malade.

Exprimer des quantités
Il nous faut une cuillère à soupe de sucre pour ce gâteau.
Tu as de la moutarde ?

Formuler des recommandations
Si tu ne dors pas bien, bois un verre de lait avec du miel avant d'aller te coucher.
Pour avoir les cheveux brillants, lave-les avec du vinaigre.

Parler de l'humeur de quelqu'un
Cette fois, Adrien s'est vraiment mis en colère !
Il est inquiet à cause du contrôle de ce matin.

Parler d'une cause et de ses conséquences
Comme c'est son anniversaire, Sam a organisé une fête.
C'est pour ça qu'il y a tout ce bruit chez lui.

2 Compréhension orale

Complète les phrases en cochant l'option correcte.

Piste 46

1 Il s'agit d'une conversation entre...

▪ ... un professeur et un élève.
▪ ... un père et son fils.
▪ ... deux amis.

2 Le bulletin de notes de Hugo est...

▪ ... bon.
▪ ... moyen.
▪ ... mauvais.

3 Il a la moyenne dans...

▪ ... une matière.
▪ ... deux matières.
▪ ... trois matières.

4 Jusqu'à maintenant, Hugo faisait ses devoirs...

▪ ... devant la télé.
▪ ... sans la télé.
▪ ... dans sa chambre.

5 À partir de maintenant, il fera ses devoirs...

▪ ... devant la télé.
▪ ... dans sa chambre.
▪ ... le samedi.

6 Hugo va pouvoir aller à l'anniversaire de Manu.

▪ ... Oui.
▪ ... Non.
▪ ... On ne sait pas.

3 Compréhension écrite

Brownies

Ingrédients :

4 œufs

200 g. de beurre

200 g. de chocolat noir

200 g. de sucre

200 g. de farine

quelques poignées de noix
et de noisettes

Préparation :

1 Décortiquez et cassez les noix et les noisettes en morceaux.

2 ▪▪▪▪▪▪▪▪▪▪▪▪▪▪▪▪▪▪▪▪▪▪▪▪▪▪▪▪▪▪

3 Dans un saladier, mélangez les œufs et le sucre, puis ajoutez le beurre fondu.

4 ▪▪▪▪▪▪▪▪▪▪▪▪▪▪▪▪▪▪▪▪▪▪▪▪▪▪▪▪▪▪

5 ▪▪▪▪▪▪▪▪▪▪▪▪▪▪▪▪▪▪▪▪▪▪▪▪▪▪▪▪▪▪

6 Quand le mélange est homogène, ajoutez les noisettes et les noix.

7 ▪▪▪▪▪▪▪▪▪▪▪▪▪▪▪▪▪▪▪▪▪▪▪▪▪▪▪▪▪▪

8 ▪▪▪▪▪▪▪▪▪▪▪▪▪▪▪▪▪▪▪▪▪▪▪▪▪▪▪▪▪▪

9 ▪▪▪▪▪▪▪▪▪▪▪▪▪▪▪▪▪▪▪▪▪▪▪▪▪▪▪▪▪▪

Replace les étapes de cette recette dans l'ordre qui convient.

A Coupez le chocolat en petits morceaux et faites-le fondre dans une casserole à feu très doux.
B Faites cuire 30 minutes à four moyen (th. 5).
C Versez la préparation dans un moule (carré ou rectangulaire) graissé.
D Faites fondre le beurre en crème.
E Coupez le gâteau en petits morceaux quand il est froid.
F Mélangez le chocolat au reste de la préparation et incorporez doucement la farine
(pour éviter la formation de grumeaux).

4 Expression orale

Entretiens dirigés

Dans les épreuves du DELF, on te demandera
de te présenter. Présente-toi en parlant de ta famille,
de ton caractère, de tes goûts, etc.
Ensuite, l'examinateur te posera des questions.
Entraîne-toi avec un camarade ou avec ton professeur.

Monologues

On te demandera aussi de faire un monologue sur un
sujet qui te concerne, puis l'examinateur te posera des
questions. Voici quatre exemples de sujets. Entraîne-toi
avec un camarade !

1 Quelle est ta pièce préférée chez toi ? Décris-la !
2 Tu es invité(e) à une soirée costumée.
   Comment tu te déguises ?
3 Tu es seul(e) chez toi ce week-end, que prépares-tu
   à manger ?
4 Explique comment se prépare un plat que tu aimes.

Dialogues

À deux, choisissez un
des sujets suivants et
préparez le dialogue.

Sujet 1

Ton petit frère / ta petite sœur
te raconte qu'il/elle a fumé sa
première cigarette. Tu lui expliques
les problèmes que cela peut causer.

Sujet 2

Ton/ta meilleur(e)
ami(e) n'est vraiment
pas ponctuel(le) ! Il/elle
arrive encore en retard
pour aller au cinéma.
Vous vous disputez.

5 Expression écrite

Que s'est-il passé jusqu'à maintenant dans l'histoire
de Matéo et Émilie ? Résume-la en 80-100 mots.

Test

6 Complète ces phrases avec une des trois propositions.
Ensuite compare tes réponses avec celles de ton voisin.

1 ● Pourquoi tu parles
si .... ?
○ Parce qu'on pourrait
nous entendre.
- **a** doux
- **b** douce
- **c** doucement

2 Elle est sortie ....
beaucoup de bruit.
- **a** faisant
- **b** en faisant
- **c** a fait

3 Les tableaux sont
accrochés .... de
la pièce.
- **a** au-dessus
- **b** contre
- **c** au centre

4 Attention ! Tes lunettes
sont tombées ....
- **a** par terre
- **b** à gauche de
- **c** en face de

5 ● J'aime bien ton pull !
Il est .... laine ?
○ Non, c'est du coton !
- **a** à
- **b** en
- **c** de

6 Hier, Natacha portait
un très joli chemisier
.... rayures.
- **a** de
- **b** à
- **c** en

7 ● Allez papa ! S'il te plaît,
dis oui !
○ ...., maintenant !
Quand je dis non,
c'est non !
- **a** Il suffit
- **b** Ça suffit
- **c** Suffit

8 Mathieu a un caractère
agréable. Il est toujours
....
- **a** de bonne humeur
- **b** fâché
- **c** de mauvaise humeur

9 Je ne supporte pas quand
tu fais ça ! Vraiment,
.... !
- **a** ça m'est égal
- **b** ça m'agace
- **c** ça me dérange un peu

10 Dans ce gâteau, on ne met
pas .... beurre.
- **a** du
- **b** d'
- **c** de

11 Il faut manger ....
5 fruits et légumes par jour.
- **a** au moins
- **b** moins
- **c** pas de

12 ● Tu veux du lait dans ton
thé ?
○ Oui, merci, mets-
.... un peu, s'il te
plaît.
- **a** le
- **b** en
- **c** un

13 Félix est allé en Angleterre
.... améliorer son
anglais.
- **a** pour qu'
- **b** afin
- **c** afin d'

14 Je n'aime pas les films
d'horreur, ... j'adore
la science-fiction.
- **a** par contre
- **b** c'est pour ça
- **c** pour

15 Ce week-end, nous n'avons
pas pu sortir ....
mauvais temps.
- **a** à cause du
- **b** grâce à
- **c** mais

16 .... il y avait une
grève des trains, Sarah
est arrivée en retard.
- **a** Grâce à
- **b** Car
- **c** Comme

17 .... être en forme,
fais un peu de sport !
- **a** Afin
- **b** Pour
- **c** Alors

18 Béa dit souvent des
mensonges, ...
on ne la croit plus.
- **a** par contre
- **b** donc
- **c** comme

19 Tu sais, tu peux m'appeler
.... tu as
un problème.
- **a** avant
- **b** chaque fois que
- **c** après

20 ● Alex n'est plus là ?
○ Non, il est parti ....
le déjeuner.
- **a** quand
- **b** avant de
- **c** après

UNITÉ 5
Oui, c'est important !

NOTRE PORTFOLIO

Dans cette unité, nous allons...

présenter un exposé sur un thème d'actualité qui nous touche.

Pour cela, nous allons apprendre :

- à parler de sujets d'actualité
- à informer des droits et des devoirs
- à comparer des situations
- à présenter un problème et ses causes
- à proposer des solutions

Et nous allons utiliser :

- l'expression du but (2) : **pour, afin de**...
- l'expression de la cause (2) : **à cause de, dû à**...
- l'expression de l'obligation
- la comparaison : **moins de / que, plus de / que, autant de / que**...
- le futur
- le conditionnel (2)

1 La Convention des droits de l'enfant :
12 points à ne pas oublier !

1 Tous les enfants sont égaux en droits : filles, garçons, quelles que soient leurs origines ou celles de leurs parents.

2 Chaque enfant doit pouvoir vivre avec sa famille.

3 Tout enfant doit avoir une identité : un nom, un prénom, une nationalité.

4 Chaque enfant doit être correctement nourri et soigné.

5 Chaque enfant a droit à l'éducation et aux loisirs.

6 Les enfants ayant un handicap doivent être aidés à vivre avec les autres en étant le plus autonomes possible.

7 Chaque enfant a droit à la protection de sa vie privée.

8 Chaque enfant a le droit de s'exprimer et d'être entendu sur les questions qui le concernent.

9 Chaque enfant doit être protégé contre toutes les formes de violence.

10 Personne n'a le droit d'exploiter un enfant.

11 Lorsqu'il commet une infraction, un enfant a droit à une justice adaptée à son âge.

12 En temps de guerre, les enfants doivent être protégés en priorité et ne peuvent pas être soldats.

A. Dessine ou cherche une image pour illustrer chacun des points de cette liste puis, à deux, mettez en commun vos créations pour élaborer une affiche avec l'extrait de la Convention que vous avez choisi.

B. À ton avis, ces droits sont-ils respectés dans ton pays ? Relis ce document et pense à d'autres régions du monde pour exprimer ton opinion sur les respects de ces droits dans le monde.

On pense que, dans notre pays, la majorité des enfants, ...
dans de nombreux pays, ...
la plupart des enfants ....
C'est vrai que, souvent, les enfants ....
Par contre, dans certains pays, ...

 C. À deux, rédigez trois autres droits qui s'appliqueraient plus précisément aux adolescents.

2 À la une : des initiatives concrètes

Pour que les choses changent...

Le Téléthon
Voici une initiative nationale pour développer la recherche contre quelque 8000 maladies rares qui touchent environ 30 millions d'Européens, dont 3 millions de Français. Des milliers de bénévoles, anonymes et célèbres, organisent chaque année des manifestations sportives, culturelles, artistiques et scientifiques pour collecter des dons.
Le Téléthon dure 48 heures et est intégralement retransmis à la télé, ce qui en a fait une émission très populaire en France.

Opération « Un cahier, un crayon »
Un an après son lancement, la collecte « Un cahier, un crayon » a permis que des milliers d'élèves congolais reçoivent du matériel scolaire destiné aux écoles urbaines et rurales les plus pauvres du pays. Vu le succès qu'a remporté cette campagne auprès du public, les responsables ont décidé de reconduire l'opération à la rentrée suivante.

L'eau : une ressource précieuse
Grâce à des opérations comme « De l'eau pour tous », d'énormes progrès ont été réalisés pour permettre aux populations des pays en voie de développement d'avoir plus facilement accès à l'eau potable depuis quelques années. Malgré tout, plus de 100 millions de personnes dans le monde, une grande partie dans des zones rurales mais aussi à la périphérie de grandes villes, n'ont pas encore les structures nécessaires pour boire de l'eau potable tous les jours.

A. Quels secteurs ces initiatives développent-elles ?

la santé   les progrès techniques   la famille
les progrès scientifiques   l'éducation   l'égalité
l'environnement   l'alimentation

Le Téléthon permet de développer la recherche...

B. Parmi ces problèmes, lequel te paraît le plus urgent à résoudre ? Quelle solution proposes-tu ?

Moi, je trouve injuste le manque d'eau potable.
Les villes devraient avoir l'obligation d'installer des puits, des fontaines d'eau potable pour tout le monde.

 C. Choisis une de ces trois informations et imagine que la situation s'est vraiment améliorée. Écris un article pour expliquer les changements.

 D. Maintenant, écoute ces informations à la radio. De quoi parle-t-on ? Ce sont de bonnes ou de mauvaises nouvelles ?

Piste 47 **E.** As-tu écouté les informations à la télé ou à la radio cette semaine ? Raconte au reste de ta classe une information qui a retenu ton attention.

Moi, j'ai vu un reportage sur les enfants soldats.
J'ai trouvé ça intéressant parce que...

On a besoin de...

Citer une source d'informations

Selon D'après	l'ONU, le nombre d'enfants qui travaillent augmente.

Pour annoncer un sujet

En ce qui concerne l'Europe, la scolarité est obligatoire jusqu'à l'âge de 16 ans.

Les informations **en rapport avec** la guerre occupent une grande place dans les médias.

Exprimer une quantité

La majorité des gens	
Un grand nombre de pays	participe au projet.
Un petit groupe de volontaires	
Une minorité d'enfants	

Exprimer l'obligation

On **doit** connaître et respecter nos droits et nos devoirs.
Les gouvernements **ont l'obligation de** garantir santé et éducation aux enfants.
Il faut expliquer clairement le travail des ONG.

Un très grand nombre de fans sont venus écouter le célèbre groupe Sketilon au Stade de France.

3 Pour un monde meilleur !

POUR L'AMITIÉ ET LE RESPECT ENTRE LES PEUPLES !

NON À LA GUERRE !

HOMMES = FEMMES :
À TRAVAIL ÉGAL,
SALAIRE ÉGAL !

OUI À LA DIFFÉRENCE !

MINES ANTI PERSONNELLES STOP ! ..

POUR UN MONDE
JUSTE, PENSONS
COMMERCE
ÉQUITABLE !

STOPPE LA VIOLENCE DOMESTIQUE ! DIS NON !

non à la peine de mort : qui a le droit de tuer ?

AGISSONS POUR PRÉSERVER LES RESSOURCES NATURELLES

STOP AUX VOITURES !

EN AVANT LES TRANSPORTS PUBLICS !

A. Lis les slogans sur les banderoles. À quels problèmes font-ils référence ?

Les guerres

L'environnement

Les droits des hommes et des femmes

L'économie   L'éducation   La discrimination

B. Choisis trois slogans. Quel problème dénonce chacun d'entre eux ? Quelles sont les conséquences prévisibles ? Quelles causes sont défendues ? Complète le tableau.

Exprimer l'irritation / l'indignation
- Tu te rends compte ?
- Mais c'est inacceptable !
- Je trouve ça scandaleux !
- Mais c'est n'importe quoi !
- Ça n'a aucun sens !

PROBLÈME	CONSÉQUENCES	CAUSES DÉFENDUES
La discrimination envers les femmes au travail.	La femme a un salaire inférieur alors qu'elle fait le même travail que l'homme.	L'égalité homme-femme au travail.
...	...	...

Pistes 48-50

C. Écoute ces manifestants. Quels slogans reconnais-tu?

4 Ensemble, plus forts.

A. Lisez ce texte et, à deux, présentez brièvement l'association *Jeunesse, J'écoute.* Elle vous semble utile ?

Marche Bell pour Jeunesse, J'écoute

Dimanche dernier, des milliers de marcheurs de plus de 55 villes canadiennes ont amassé plus de 3 millions de dollars dans le cadre de la septième *Marche Bell pour Jeunesse, J'écoute.*

Jeunesse, J'écoute est le seul service pancanadien, gratuit, bilingue et anonyme, de consultation, d'information et d'orientation offert aux jeunes.

En 2007, ce service personnalisé a aidé plus de 2 millions de jeunes en difficulté en répondant au téléphone ou sur Internet à leurs dou-

tes, questions et malaises. Les problèmes dans la famille, la violence, le racket, les drogues, la sexualité, la déprime, le suicide ou l'angoisse sont autant de questions que ce service affronte au quotidien.

Ces professionnels de l'écoute sont là pour définir le problème, envisager des solutions et donner des conseils.

La confidentialité est garantie, sauf en cas de danger physique ou psychologique. Dans ce cas-là, la police ou les services sociaux sont obligatoirement prévenus.

Moi, je vais vous expliquer comment *Jeunesse, J'écoute* m'a vraiment aidé à sortir d'un gros problème. J'ai commencé à jouer à l'ordinateur une heure par jour puis, je visitais des dizaines de sites pendant des heures quand mes parents n'étaient pas là. Puis, sans m'en rendre compte, je n'avais plus envie de faire de sport et je préférais rester devant l'écran plutôt que de voir mes amis. Tout le

Grégory T.

monde m'énervait et j'avais de moins en moins d'énergie... Un jour, en écoutant la radio, j'ai entendu les actions de *Jeunesse.* J'ai téléphoné une première fois, puis je les ai rappelés et j'ai parlé avec eux plusieurs fois. C'est grâce à eux que j'ai réussi à discuter avec mes parents de mon problème.

Maintenant je vais mieux et j'ai retrouvé l'envie de faire plein de choses.

B. Maintenant lis le cas de Grégory. Cela pourrait-il t'arriver ? Comment réagirais-tu si un copain était dans cette situation ?

Grégory avait un problème avec ....
Si j'étais à la place de Grégory, ...
À mon avis, cette association ....

C. Dans votre pays, existe-t-il une mobilisation pour une cause solidaire semblable à celle-ci ? Aimeriez-vous y participer ?

5 wa / wi / wui

Piste 51

Lis, écoute et répète ces phrases.

Lucie dit à Louis : « Bonne nuit, mon petit ».

Trois petites truites cuites sont dans l'huile.

Louise voit des tortues sur un trottoir étroit qui s'enfuient.

Tu as soif ? Moi, je bois du jus de fruits.

Des **sons** et des **lettres**

On a besoin de...

Parler des droits

On a le droit de manifester.
On peut **dénoncer** les cas d'enfants maltraités.
La loi **garantit** l'accès au logement et à la santé.

Expliquer une cause

Parce que + phrase
Les gens manifestent **parce qu'**ils s'oppose à la nouvelle loi.

À cause de + groupe nominal
Mon petit frère est souvent malade **à cause de** la pollution.

Dû à + groupe nominal
Le problème est **dû au** manque de communication.

Grâce à + groupe nominal
C'est **grâce à** cette association que j'ai trouvé une solution.

Si... que / Tellement de...

- Paul est **si** motivé par son travail à Médecins sans Frontières **qu'**il pense partir deux ans à Haïti.
- Il a raison. Il y a **tellement de** choses à faire, là-bas !

Dis, si tu étais Président de ton pays, qu'est-ce que tu ferais ?

Moi ? Je ferais la Révolution !!!

6 Dans notre pays...

A. Écoute ces trois amies qui parlent de leur pays. Complète le tableau.

Piste 52

ANAÏS

JESSICA

FADIA

	Pays d'origine	Problèmes	Solutions possibles
Jessica		- les femmes et le travail	-
		- ...	-
Fadia	Maroc	-	-
		-	-
Anaïs		-	-
		-	-

B. Dans cette liste de problèmes, quels sont ceux qui existent aussi là où tu vis ? Précise ta réponse. En groupe, comparez vos avis et parlez-en.

Les femmes sont bien moins payées que les hommes.

Les enfants de moins de 16 ans travaillent.

Il y a beaucoup de parents divorcés et les enfants vivent chez leur père ou leur mère.

Beaucoup de gens vivent dans la rue.

Beaucoup de jeunes ont des problèmes de drogue.

La vie de famille n'a pas beaucoup d'importance. Les parents n'ont pas le temps d'être avec leurs enfants.

L'éducation n'est pas une priorité dans le budget de l'État.

Il y a des familles qui n'ont pas assez d'argent pour vivre convenablement.

Des gens sont mis à l'écart à cause de leur couleur de peau, leur origine ou leur religion.

OUI NON

- Vous pensez que les femmes gagnent moins d'argent que les hommes, ici ?
○ Oui, c'est sûr ! Regarde, elles n'ont pas de postes de travail aussi importants que ceux des hommes !
■ Je ne suis pas d'accord.

C. Choisissez trois problèmes qui se posent dans votre pays ou région et proposez trois solutions. Utilisez le dictionnaire et, si nécessaire, demandez à votre professeur de vous aider.

- Nous, on pense que la municipalité devrait construire des centres d'accueil pour les gens qui vivent dans la rue.

7 Et si on faisait des efforts ?

> « Nous ne recevons pas la terre de nos ancêtres, nous l'empruntons à nos enfants » Phrase d'un chef indien d'Amérique du Nord

> Pour changer le monde, nous devons commencer par changer nos habitudes.
> Anonyme

A. Lis ces recommandations. D'après toi, quelles sont les cinq plus importantes ?

1 Ne te laisse pas manipuler par la publicité. Demande-toi si tu as vraiment besoin d'acheter ce produit.

2 Avant de jeter un objet, regarde bien si tu ne peux pas le réparer, le recycler ou le donner à quelqu'un qui pourrait l'utiliser.

3 Si tu peux, déplace-toi en transports en commun.

4 N'achète pas de boissons en canette. La canette coûte plus cher que le liquide qu'elle contient et elle est à peine recyclable.

5 Mange des aliments frais, pendant la saison où ils poussent naturellement et dans ta région. Tu éviteras la pollution due aux transports.

6 Ce n'est pas normal de porter un t-shirt en plein hiver parce que le chauffage est trop fort. Il vaut mieux porter un pull et économiser l'énergie.

7 Autour de toi, il y a sûrement des personnes âgées. N'oublie pas qu'elles ont souvent besoin des plus jeunes. Tu peux les aider !

8 Lis des informations sur d'autres pays, d'autres cultures. Cela t'aidera à comprendre les étrangers qui vivent dans ton quartier ou ta ville.

9 Ne crois pas que tout s'achète. Les choses importantes de la vie comme la santé, l'amour, l'amitié ne sont pas à vendre !

10 Si tu voyages à l'étranger, essaie de comprendre les coutumes plutôt que de critiquer sans les connaître.

B. Laquelle ou lesquelles de ces recommandations appliques-tu déjà ? Quelles habitudes devrais-tu avoir ?

Je vais au collège en vélo. Je pense que je ne devrais pas acheter de boissons en canette.

C. Termine ces phrases en indiquant quel devrait être notre comportement pour améliorer les choses.

Au lieu d'acheter des canettes, on pourrait tous ....
Au lieu de critiquer les habitudes différentes, il faudrait ....
Au lieu de penser que nos produits sont toujours les meilleurs, on devrait ....
Tout le monde pourrait réutiliser ou recycler des produits au lieu de ....

Mets un pull et économise l'énergie au lieu de porter un t-shirt en hiver.

D. À deux, formulez trois autres recommandations pour changer nos habitudes de consommation ou de vie.

QuARTieR liBRE

La revue des jeunes qui apprennent le français.   Nº 5

SOS AMITIÉ

Créée en 1967, cette association recrute et forme des bénévoles pour écouter et parler aux personnes qui se sentent seules, ont un profond mal-être ou des situations difficiles à vivre et décident de demander de l'aide en téléphonant. Les équipes de SOS-Amitié reçoivent 2000 appels par jour et écoutent toute sorte de problèmes en garantissant la confidentialité et le respect des personnes qui téléphonent.

SOS RACISME

Cette association fut créée en 1984 pour lutter contre les discriminations raciales, aider à l'intégration des populations étrangères ou issues de l'immigration et défendre les droits de tous. Dès ses débuts, le logo **Touche pas à mon pote** a remporté un grand succès et SOS racisme a réussi, après plus de vingt ans, à maintenir sa crédibilité et à garder un rôle important dans la société française.

TOUCHE PAS A MON POTE
sos-racisme.org

Le commerce équitable, une chance pour tous !

Le commerce équitable consiste à assurer un développement durable pour les producteurs des pays du Sud, afin qu'ils puissent vivre dignement de leur travail et de maintenir un niveau de vie suffisant pour se loger, se nourrir, se soigner, éduquer leurs enfants.

Action de terrain :
Le 15 juin était jour de remise des prix au collège Paul-Éluard pour la classe de 6ᵉB. Un prix particulier puisqu'il s'agissait d'un concours autour du commerce équitable organisé avec **Artisans du monde**, à la suite de la manifestation **Savoir pour agir** à laquelle la classe avait participé.

Les élèves avaient eu un mois pour répondre à un questionnaire et pour trouver « 5 bonnes raisons d'acheter équitable ».

Documentaliste, enseignants, parents, ont été mis à contribution. Les trois gagnants ont reçu des petits lots, bien sûr issus du commerce équitable.

Parole aux jeunes

À deux, écrivez un courrier pour demander l'amélioration d'une situation qui vous semble injuste ou qui a besoin de changer dans votre ville ou votre pays.

À l'occasion des 20 ans de la Convention internationale des droits de l'enfant, la Défenseure des enfants a lancé une grande consultation nationale des jeunes.

Vous avez moins de 18 ans ? Vous avez des choses à dire et des propositions à faire sur l'éducation, la famille, la justice, la vie privée et Internet, la santé, les discriminations, la violence ou l'expression… ?

Alors, participez aux débats de Paroles aux jeunes pour faire vivre vos droits ! Y a-t-il des choses à changer, à repenser, à réformer ? N'hésitez pas à vous inscrire sur le forum de Paroles aux jeunes pour faites part de vos propositions.

L'Effet papillon
de Bénabar

ChANSON

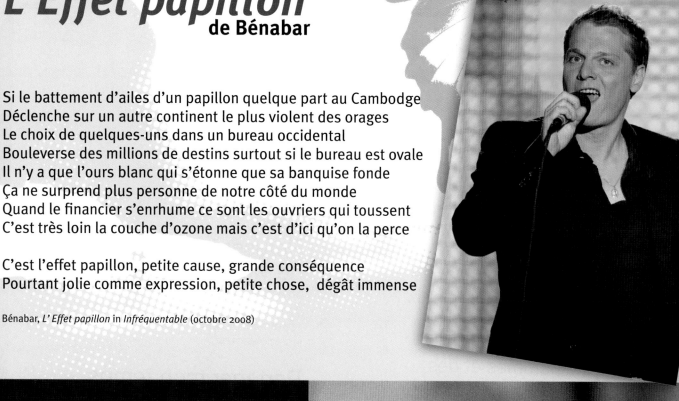

Si le battement d'ailes d'un papillon quelque part au Cambodge
Déclenche sur un autre continent le plus violent des orages
Le choix de quelques-uns dans un bureau occidental
Bouleverse des millions de destins surtout si le bureau est ovale
Il n'y a que l'ours blanc qui s'étonne que sa banquise fonde
Ça ne surprend plus personne de notre côté du monde
Quand le financier s'enrhume ce sont les ouvriers qui toussent
C'est très loin la couche d'ozone mais c'est d'ici qu'on la perce

C'est l'effet papillon, petite cause, grande conséquence
Pourtant jolie comme expression, petite chose, dégât immense

Bénabar, *L' Effet papillon* in *Infréquentable* (octobre 2008)

Poème de Léopold Sedar Senghor (1906 - 2001)

Homme politique et écrivain sénégalais.

Cher frère blanc,

Quand je suis né, j'étais noir,

Quand j'ai grandi, j'étais noir,

Quand je suis au soleil, je suis noir,

Quand je suis malade, je suis noir,

Quand je mourrai, je serai noir.

Tandis que toi, homme blanc,

Quand tu es né, tu étais rose,

Quand tu as grandi, tu étais blanc,

Quand tu vas au soleil, tu es rouge,

Quand tu as froid, tu es bleu,

Quand tu as peur, tu es vert,

Quand tu es malade, tu es jaune,

Quand tu mourras, tu seras gris.

Alors, de nous deux,

Qui est l'homme de couleur ?

UN MANIFESTE POUR UN NOUVEAU MILLÉNAIRE

Ce XXIe siècle peut être le siècle de lutte pour la paix et la non-violence.
Voici la charte signée par des hommes et des femmes qui ont reçu le Prix Nobel de la Paix.

Pourquoi 6 points ?

Ce manifeste explique les résolutions de l'Organisation des Nations Unies de façon plus simple et transparente, pour une meilleure compréhension.

Cette charte n'est pas...

un appel, ni une pétition à signer qui serait envoyée à des pouvoirs politiques.

CE MANIFESTE, C'EST

un engagement qui commence par une attitude personnelle et une action individuelle.
Car 1+1+1+1+............... = la capacité de faire beaucoup !

JE M'ENGAGE À :

Respecter la vie,
la dignité de toute personne, sans discrimination ni préjugés.

Refuser toute forme de violence :
physique, sexuelle, psychologique, économique et sociale, en particulier envers les plus faibles comme les enfants, les adolescents.

Partager mon temps et les ressources matérielles :
en étant généreux pour éliminer l'exclusion, l'injustice, l'oppression politique et économique.

Défendre la liberté d'expression et la diversité culturelle :
en donnant la priorité au dialogue, sans tomber dans l'extrémisme ni rejeter l'autre.

Consommer de façon responsable :
en tenant compte de toutes les formes de vie et de l'équilibre des ressources naturelles de la planète.

Participer au développement de ma communauté,
en respectant les principes démocratiques et la participation des femmes, dans le but de créer, tous ensemble, de nouvelles formes de solidarité.

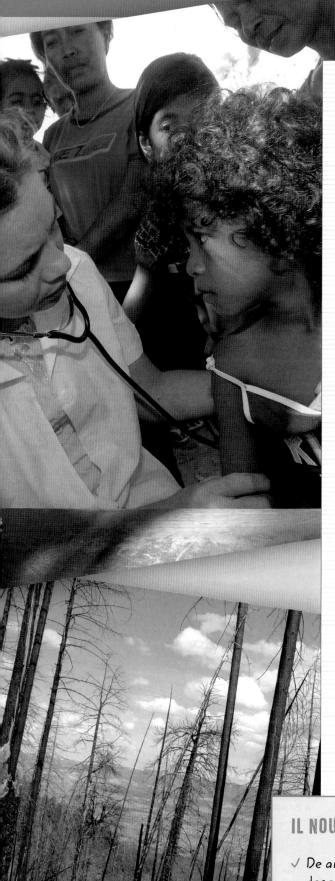

NOTRE EXPOSÉ

Nous allons présenter un exposé sur un thème d'actualité.

1 En groupes, vous allez choisir trois thèmes en lien avec l'actualité mondiale. Voici quelques pistes :

- Les guerres
- Le commerce équitable
- L'environnement
- Les drogues
- Le racisme
- La violence scolaire
- Les inégalités entre les pays riches et les pays pauvres
- Les ventes d'armes
- L'influence de la publicité
- L'eau
- ...

2 Vous devez expliquer :

- en quoi consiste le problème.
- quelle population est concernée.
- quelles sont les causes du problème.

3 Vous présenterez :

- les solutions qui existent déjà.
- les mesures que l'on peut prendre pour améliorer la situation.

4 Présentez le projet à la classe et le mettrez, si possible, sur un forum sur Internet.

IL NOUS FAUT :

✓ De articles de presse, des photos d'actualité
✓ Un accès à Internet
✓ Des feuilles blanches ou un logiciel de traitement de textes.

MATÉO ET ÉMILIE

RÉSULTATS

...ET DONC ELLE A FINI LA COURSE À L'HÔPITAL. C'EST VRAIMENT PAS JUSTE.

LA PAUVRE ! EN PLUS, ELLE S'ÉTAIT ENTRAÎNÉE TOUS LES JOURS.

MAIS POURQUOI TU AS LA MONTRE DE MON FRÈRE ?

C'EST LA MONTRE DE MANU ? T'ES SÛRE ?

CERTAINE. ON LUI A OFFERT POUR SON ANNIVERSAIRE.

OUI, MONSIEUR, ON A LA PREUVE QUE C'EST MANU QUI A POUSSÉ ÉMILIE.

DANS CE CAS, LA COUPE LUI SERA ÉVIDEMMENT RETIRÉE, ET IL SERA INTERDIT DE COURSE POUR LA PROCHAINE ÉDITION.

VOILÀ LES DERNIÈRES NOUVELLES !

SUPER MATÉO ! MERCI POUR VOTRE AIDE LES COPAINS !

ET TU SAIS QUOI ? LE CLUB LES DEUX ROUES VEUT MONTER UNE ÉQUIPE MIXTE POUR LA PROCHAINE COURSE, C'EST PAS UNE BONNE NOUVELLE, ÇA AUSSI ?

TOUT ÇA DOIT PARAÎTRE DANS LE SPÉCIAL DU DIMANCHE. J'ESPÈRE QU'ILS VONT METTRE LES PHOTOS AUSSI !

RÉSULTATS SPORTIFS
M. Ricard

Nous avons assisté à une course passionnante mais accidentée, où le déclaré vainqueur n'a pas respecté les règles essentielles du sport. Les efforts de Melle Émilie Ricard, seule inscrite féminine à la course, se sont vus finalement récompensés. Elle fera partie de la première équipe mixte de notre ville qui, nous l'espérons, fera de nouvelles adeptes de ce sport.

RUBRIQUE << NOTRE VILLE>>
M. Ricard

La Société Batidur a l'intention de supprimer 80% de la Forêt de Bacadi pour construire un circuit de karting et un centre commercial (le 4ème pour notre petite ville !) ainsi qu'un parking de plus de 300 places. En avons-nous réellement besoin ? Signez la pétition en ligne contre ce projet insensé.

ILS SONT BIEN, TES DEUX ARTICLES. TU SAIS, J'AI PARLÉ AVEC MON FRÈRE ET JE PENSE QU'IL COMMENCE À COMPRENDRE.

MERCI LÉA. HEUREUSEMENT QUE TU NOUS AS AIDÉS.

JE NE SUPPORTE PAS LA TRICHE ET FRANCHEMENT, MON FRÈRE A EXAGÉRÉ CETTE FOIS !

IL EST ALLÉ TROP LOIN, C'EST SÛR.

UNITÉ 6 Musique !

NOTRE PORTFOLIO ★★★

Dans cette unité, nous allons...

réaliser un recueil d'articles sur des chanteurs ou des groupes que nous aimons.

Pour cela, nous allons apprendre :

- à découvrir des chansons et des artistes
- à parler de nos habitudes et de nos goûts en musique
- à critiquer et à recommander des artistes
- à exprimer des sentiments et des émotions
- à comparer des chansons

Et nous allons utiliser :

- la fréquence
- l'opposition : **alors que, tandis que**...
- les superlatifs : **le plus, le meilleur**...
- les rimes
- les images et les métaphores
- l'expression d'une durée : **la décennie, le siècle**...

1 **Des mots pour en parler**

A. Lis ces textes et dis quelles sont les idées que tu retiens ?

Artistes sur plusieurs générations

Nos parents dansaient déjà en écoutant Voulzy, les Rolling Stones et Indochine. Les jeunes de 14-25 ans en font de même. Refrains faciles, mélodies et rythmes qui accrochent, paroles romantiques sont des ingrédients qui ne paraissent pas connaître d'époque. Le groupe Indochine, par exemple, est bien conscient de son succès après plus de 25 ans sur la scène française. Mais comme le disait un de ses membres juste avant d'entrer en concert en 2007 : « Écrire une chanson, c'est toujours un miracle. On repart à zéro à chaque fois, même si on a la chance d'avoir un public assez fidèle. On ne sait jamais comment ça peut se passer. » Se renouveler et garder leur propre style, c'est peut-être la clé de leur succès.

Une évolution de plus en plus rapide

Du disque vinyle au CD, puis au mp3, au mp4, au téléphone portable et à l'ordinateur, les formats changent suivant les époques. Nos supports deviennent de plus en plus performants et faciles à utiliser n'importe où et n'importe quand. En un demi-siècle, les nouvelles technologies se sont mises au service de la musique et ce sont les jeunes de 13-25 ans qui sont les plus gourmands de ces nouveautés.

La musique vient de loin

Les instruments de musique produisent des vibrations que nos oreilles et notre cerveau reconnaissent comme étant de la musique. La musique existe depuis la Préhistoire, où les hommes chantaient et inventaient des rythmes en frappant des mains et en tapant des morceaux de bois ou des cailloux entre eux. De nos jours, on classe les instruments selon qu'ils sont à vent (la flûte, l'harmonica, le saxophone…), à cordes (le violon, le piano, la guitare…) ou de percussion (le tambour, le triangle, le xylophone…). Tous ces instruments sont présents dans un orchestre symphonique.

B. À deux, faites une liste de tous les mots du texte en relation avec la musique. Classez les mots trouvés dans les catégories proposées.

SUPPORTS :	INSTRUMENTS :	ÉLÉMENTS D'UNE CHANSON :
...	...	refrain
...	...	...

2 Mes habitudes musicales

A. Complète les fiches suivantes.

Pourquoi écoutes-tu de la musique ?	OUI	NON	Ça dépend
Pour te détendre ?	......	......	......
Pour chanter ?	......	......	......
Pour te concentrer ?	......	......	......
Parce que tu joues d'un instrument de musique ?	......	......	......
Pour te donner de l'énergie ?	......	......	......

Avec quelle fréquence ...	Jamais	Parfois	Souvent
tu écoutes de la musique à la radio ?	......	......	......
tu écoutes ton mp3 ou autre ?	......	......	......
tu lis des magazines de musique ?	......	......	......
tu regardes des clips à la télé ?	......	......	......
tu danses avec tes amis ?	......	......	......
tu assistes à un concert ?	......	......	......

À quel moment de la journée écoutes-tu de la musique ?	OUI	NON
Quand tu te lèves ?	......	......
Pour t'endormir ?	......	......
Lors de tes déplacements ?	......	......
Quand tu fais du sport ?	......	......
Quand tu fais tes devoirs ?	......	......

B. En groupe, comparez vos réponses et préparez une petite présentation de vos goûts communs et de vos différences.

Moi, j'écoute de la musique quand je me lève et quand je suis dans le bus alors que Mathilde, elle, n'écoute jamais de musique dans sa chambre. Par contre, elle écoute souvent son mp4 en faisant du footing.

3 La musique au quotidien

A. À deux, faites une liste :

1. des stations de radios que vous avez l'habitude d'écouter.
2. des groupes ou chanteurs que vous écoutez en famille et entre amis.
3. des magasins de musique dans votre quartier et/ou votre ville.
4. des sites Internet de musique que vous visitez.

B. Avez-vous l'occasion d'écouter des chansons en français ? Lesquelles connaissez-vous ?

On a besoin de...

Pour opposer

Alors que / tandis que

C'est très facile d'écouter des chansons en anglais à la radio **alors que / tandis que** c'est plus rare d'en entendre en français.

Par contre

J'écoute beaucoup de musique que je télécharge ; **par contre**, je n'aime pas les musiques qui passent à la radio.

Verbe à l'infinitif..., c'est...

Copier de la musique, **c'est** illégal.

Écouter des chansons et **s'envoyer** des images avec leur portable, **c'est** une nouvelle habitude pour les jeunes.

Cela / Ça

Danser ? **Cela / Ça** existe depuis la Préhistoire !

Regardez, les enfants : il y a très très longtemps, nos ancêtres jouaient de la musique avec ces objets.

Mais on pouvait vraiment produire des sons avec ça ?

4 Mes goûts musicaux

A. Qu'est-ce que tu penses de la musique ? Recopie six phrases qui reflètent le plus ta façon d'écouter et de sentir la musique. Trouve dans la classe deux personnes qui ont au moins quatre phrases identiques aux tiennes.

B. Choisissez une chanson qui vous représente bien. Expliquez votre choix au reste de la classe.

> J'aime comprendre les paroles.
>
> Je chante quand je suis de bonne humeur.
>
> Je n'aime pas les paroles trop romantiques.
>
> J'aime les musiques sur lesquelles je peux danser.
>
> Parfois, quand je suis triste, j'écoute un groupe / une chanson en particulier.
>
> Je collectionne les plus belles chansons d'amour.
>
> Je fais attention à la musique quand je regarde un film.
>
> Parfois, les chansons expriment ce que je ne sais pas bien exprimer.
>
> Moi, je n'écoute jamais de musique.
>
> On m'a déjà dédicacé une chanson à la radio.
>
> Je trouve très difficile de mémoriser les paroles d'une chanson dans une autre langue.
>
> Je trouve que trop de chansons se ressemblent et parlent d'amour.
>
> J'adore quand il y a des solos de guitare électrique.
>
> La musique, c'est super à écouter quand on est entre copains.
>
> J'achète toujours les meilleures compilations de l'année.

Nous avons choisi un rap parce que le chanteur est vraiment original...

5 La musique c'est...

A. Rendez-vous sur une plateforme musicale et écoutez les groupes suggérés dans cette unité, puis dites dans quel genre vous les classeriez parmi ceux proposés.

> Pour t'aider à trouver une chanson, les moteurs de recherche te proposent des options. Tu peux te rendre sur le site des interprètes ou sur une plateforme musicale où tu peux aussi regarder des vidéos.

REGGAE Blues **DISCO**
R&B ROCK rap **JAZZ**

B. Après avoir écouté ces chansons, laquelle ou lesquelles préfères-tu ? Laquelle ou lesquelles n'aimes-tu pas ? Á deux, comparez vos choix et justifiez vos réponses.

C. À deux, réécoutez une de ces chansons et essayez d'en écrire le refrain.

D. À deux, retrouvez les rimes et les images présentes dans ce couplet. Exprimez la même idée avec d'autres mots. (Tryo)

*Au ciel étoilé Bulle s'est accrochée
Et c'est dans la voie lactée que Mam'zelle décida d'habiter
Ainsi dans le ciel depuis des millions d'années
Madame la Terre observe cette bulle illuminée
Chaque soir quand la nuit vient à tomber
Mam'zelle Bulle sur nous veille jusqu'à ce que le soleil l'interpelle*

Mam'zelle Bulle !

Mam'zelle Bulle in Toi et moi
(paroles : Cyril Célestin, dit Guizmo. Flash Production, 2008)

E. Fais une liste de mots qui riment avec : solitude, partir, revoir, amour, pourquoi, ami, doucement, bien.

F. À deux, écrivez une strophe de chanson et choisissez un rythme.

6 Mon avis

A. Après avoir écouté les chansons proposées dans l'unité, remplis cette fiche et coche la réponse qui correspond le mieux à ton opinion.

Titre de la chanson :

Artiste :

Style musical :

C'est une chanson
- ☐ gaie
- ☐ entraînante
- ☐ facile
- ☐ banale
- ☐ agréable
- ☐ triste
- ☐ ennuyeuse
- ☐ difficile à retenir
- ☐ originale
- ☐ désagréable

J'aime / J'aime beaucoup / Je n'aime pas du tout
- ☐ les paroles
- ☐ le rythme
- ☐ les images
- ☐ la/les voix
- ☐ la guitare
- ☐ les percussions
- ☐ d'autres instruments
- ☐ autre : ...

- ☐ Je n'écouterais pas cette chanson.

- ☐ J'écouterais souvent cette chanson.

c'est une chanson qui est bien pour : ...

B. À deux, écrivez une critique de la chanson que vous avez préférée en vous inspirant de la critique ci-contre.

Nous, on aime bien la chanson de ▓▓▓ parce que ▓▓▓

Les paroles sont ▓▓▓

Le rythme ▓▓▓

C'est une chanson idéale pour ▓▓▓

« Recommandation de la semaine »

Ce groupe, venu de Strasbourg, nous surprend avec ce merveilleux mélange de soul et R&B. Les paroles sont fraîches, les sons inquiétants et l'esprit rebelle. Le public se laissera séduire par les voix angéliques de Matis et Lola. À suivre...

---

7 Les rimes

A. Écoute ces chansons sur une plateforme musicale et prête attention à la rime. Ensuite, lis ces paroles.

plates (AAAA)

Je rêvais d'un autre mONDE
Où la terre serait rONDE
Où la lune serait blONDE
Et la vie serait fécONDE

(Téléphone, *Un autre monde*)

croisées (ABAB)

Nos rires nos pEURS
Dans l'air du tEMPS
C'est sans doulEUR
Des chants pas
[méchANTS

(Zazie, *FM air*)

embrassées (ABBA)

Mais ton image est là comme une obsessiON
Quoique les gens fassent ils ont quelque chose
[de tOI
Dans leur démarche, leur vOIX
Ou juste leur blousON

(Anaïs, *Peut-être une angine*)

B. À ton tour, écris un petit texte en vers en t'inspirant de ces exemples de rimes.

On a besoin de...

Images et comparaisons

Comme / Tel

La nuit est noire **comme** tes cheveux.

	singulier	pluriel
masculin	**tel**	**tels**
féminin	**telle**	**telles**

Tes mots **tels** des poignards me transpercent le cœur.

Moins... que (-) / Aussi... que (=) / Plus... que (+)

Rémi ? Il est **moins** sincère **que** mon meilleur ami.

Ma vie avec toi est **aussi** sucrée **qu'**un parfum de jasmin.

Ton silence est **plus** important **que** ton discours. Alors, tais-toi !

Recommander et critiquer

- Tu connais Zycose, ce groupe qui a reçu le prix "Révélation"?
- Oui, c'est un des **meilleurs** groupes de rock actuels.

- Erika est **la plus** connue des trois membres du groupe.
- Leur album est **le plus** vendu de l'année.

- Quelle horreur ! C'est **le pire** concert du festival !
- Tu as raison ! **On n'aurait pas dû** venir.

- Je ne sais pas si je vais aimer son dernier album.
- **Je t'assure** qu'il est super ! Tu **dois** absolument l'écouter.

8 La radio

A. Lis l'article suivant. Ces informations peuvent-elles aussi s'appliquer à ton pays ?

En France, la radio fait partie du quotidien de la plupart des gens. Actualités, débats, reportages et musique, évidemment, occupent leur attention. Quelques chiffres :

> Source Médiamétrie www.radiopub.unblog.fr/2008/11/19/la-radio-toujours-plus-mobile
>
> ■ Depuis 2007-2008, 42 millions d'auditeurs sont à l'écoute de leur radio chaque semaine, soit plus de 8 personnes sur 10.
>
> ■ 49% des auditeurs le sont à l'extérieur de leur domicile (au travail, en voiture…).
>
> ■ La durée d'écoute par auditeur atteint 2h59 par jour.
>
> ■ 86% des plus jeunes de 13 à 19 ans sont massivement à l'écoute des radios musicales.
>
> ■ L'écoute de la radio sur Internet a gagné plus d'un million d'auditeurs cette année.

Sur les ondes musicales, la tendance est à la séparation selon l'âge des auditeurs :

- les "jeunes" (NRJ, Fun Radio, Skyrock) écoutent en général les succès des cinq dernières années.
- les "jeunes- adultes" (Europe 2, RTL2, le Mouv') écoutent plutôt des tubes des dix ou quinze dernières années.
- les "adultes" (Nostalgie, RFM, Chérie FM) semblent préférer les chansons de leur jeunesse.

B. Faites un petit sondage dans la classe pour connaître :

La station de radio la plus écoutée
La durée d'écoute chaque jour
La station de radio écoutée par vos parents
Le style de musique écoutée à la radio (genre, époque, langue)

9 Internet

A. Lis cet extrait d'un guide adressé aux jeunes Français. Quels sont les conseils donnés pour se procurer de la musique dans de bonnes conditions ?

> Utilise Internet avec ta tête ! ça rime !

Les associations de consommateurs, d'artistes et le ministère de la Culture sont conscients de tout ce que tu peux trouver sur Internet.

Les technologies avancent très vite et la loi s'adapte à ces changements. Pour t'informer de tes **droits et devoirs** en matière de musique, voici une brochure qui contient quelques informations :

● **Tu peux** enrichir ta bibliothèque personnelle en utilisant les téléchargements payants. Ainsi tu respectes les droits d'auteurs et le travail des artistes.

● **Tu peux** échanger ou télécharger des chansons mises à disposition gratuitement par certains artistes qui veulent se faire connaître ou qui ne veulent pas passer par des intermédiaires commerciaux.

● Quand tu achètes un album, tu peux en faire une copie à usage **PRIVÉ**.

● **Tu ne peux pas** télécharger gratuitement ou échanger de la musique d'ordinateur à ordinateur, même sans tirer de bénéfice, une chanson ou un album. Cela est considéré comme illégal. Tu risques une grosse amende et des problèmes avec la justice car tu participes à un commerce de contrefaçon.

● En plus, en laissant les autres internautes consulter tes musiques téléchargées, tu risques d'introduire un virus dans ton ordinateur.

Un petit conseil :

▶ Utilise des sites de téléchargements payants qui garantissent la qualité des documents et respectent la création des artistes.

▶ Achète des CD vierges pour graver ta musique : une partie du prix est reversée aux chanteurs.

▶ Consulte souvent les sites officiels qui te mettront au courant des évolutions de la loi. Ça change vite !

Piste 54

B. Écoute ces trois internautes. Complète le tableau.

	âge	Utilisation d'Internet	Problème soulevé	D'accord avec le guide ? Pourquoi ?
Laura				
Alexandre			prix CD	
Médhi				oui, parce que...

C. Et toi, que penses-tu de la Net attitude ? Parlez-en en groupe et présentez vos conclusions à la classe.

10 La télé

A. Dans votre pays, existe-t-il une émission pour découvrir de jeunes talents ? Présentez-la.

Piste 55

B. Écoutez l'expérience de Mélanie. À deux, expliquez quelles sont ses sentiments et impressions.

11 Des sons et des lettres

Écoutez la version originale de ces extraits sur une plateforme de musique. Puis, à deux, faites votre propre version. Vous pouvez la scander ou la chanter sur l'air que vous voulez, mais vous devez respecter le texte.

Ta Katie t'a quitté
(Boby Lapointe)

Tic-tac tic-tac
Ta Katie t'a quitté
Tic-tac tic-tac
Ta Katie t'a quitté

Ton invitation *(Louise Attaque)*

J'ai accepté par erreur ton
[invitation
j'ai dû me gourer dans l'heure
j'ai dû me planter dans la saison
Tu sais j'ai confondu
avec celle qui sourit pas
mais celle qui est belle bien entendu

Eh Toto *(Boby Lapointe)*

Eh! Toto y a t'il ton papa ?
L'est pas là papa
Eh! Toto y a t'il ta maman ?
L'est pas là ta maman !
Et Toto y a t'il ton pépé ?
L'est pas là pépé !
Eh Toto y a t'il ta mémé ?
Y'est pas Y'est pas

Présenter des informations / des données

Les pourcentages

74% « soixante quatorze pour cent » des Français se disent sensibles à la musique.
Il semblerait que 19% (dix-neuf pour cent) des gens chantonnent dans leur voiture.
En 2005, **1 personne sur 2** se connecte tous les jours a Internet.

La moitié (½)
Un tiers (⅓) ⎤ de la population achète musique comme cadeau.
Un quart (¼) ⎦

Les (adjectifs) ordinaux

1er : premier
2e : deuxième
3e : troisième
....

Indiquer une époque

Les cinq dernières années, l'écoute de la radio sur Internet s'est beaucoup développée.
Durant cette décennie (=10 ans), les groupes québécois se sont multipliés.
Le XXe siècle (le vingtième) est marqué par de vrais progrès technologiques.

Des sons et des lettres

QuARTiER libRE

La revue des jeunes qui apprennent le français. N° 6

Artistes francophones

Lynda Lemay (Québec)

En 10 albums et 20 ans de carrière, Lynda Lemay a fait chavirer le cœur des Québécois. Elle nous a donné plus de 150 chansons et des milliers d'accords, des ballades touchantes et du rock irrévérencieux, de l'amour et des émotions pures. Dans la chanson *Bleu*, Lynda Lemay nous offre un joli portrait de son pays.

Dans mon pays, y' a du soleil qui se regarde dans la glace
Dans mon pays, y' a des merveilles de patinoires sur les lacs
Y a de l'espace, assez pour s'y perdre toujours
Dans mon pays, au bout de chaque appel à l'aide, y a du seco

Lynda Lemay, *Bleu* in *Allô, c'est moi* (2008)
Paroles : Lynda Lemay

Mariam et Amadou (Mali)

L'histoire de ce duo commence il y a plus de 25 ans. Leurs albums se définissent par le caractère exceptionnel du mélange de douces mélodies et de rythmes funky, menés par le jeu de guitare blues d'Amadou et leurs voix irrésistibles.

Les dimanches à Bamako c'est les jours de mariage (x3)
C'est les jours de mariage
Les djembés et les n'doulous résonnent partout
Les baras et les n'tamas résonnent partout
La kora et le n'goni sont aussi au rendez-vous
Les dimanche à Bamako c'est les jours de mariage (x2)
Les parents et les sympathisants sont au rendez-vous
Les copains et les voisins sont au rendez-vous.

Amadou et Mariam, *Beau dimanche* in *Dimanche à Bamako* (2005)
Paroles : Amadou et Mariam

La musique pour valoriser la culture du métissage

Gnawa Diffusion

(...)

J'aimerais être une ceinture
Et serrer votre taille
Pour ne perdre aucun détail
De l'étrange cambrure

J'aimerais être la poussière
De vos ongles sous la lime
Et recevoir ce souffle intime
Qui m'éparpille et me perd

(...)

Ombre-elle, in Bande originale du film Sheitan (Gnawa Diffusion)

Le métissage est la base de l'histoire de Gnawa Diffusion. Réunie par Amazigh Kateb, cette bande de copains est originaire de Grenoble, dans le Sud-Est de la France. Les membres du groupe sont issus de différents horizons, notamment du Maroc et de l'Algérie. Rap, ragga, reggae, jazz, raï, on trouve de tout chez Gnawa Diffusion.
Les textes sont écrits et chantés par Amazigh en trois langues, l'arabe, le français et l'anglais, et mélangent humour et lutte contre les injustices.

La musique pour découvrir une langue régionale : l'Occitan

Fabulous Trobadors

Ce groupe toulousain récite ses textes amusants, mais toujours sur fond de revendications sociales. Folklore occitan et rythme festif sont la marque de ce groupe original de la scène française.

Vòla vòla calandreta
  Que deman farem la festa
 Vòla vòla calandron
De Bordèu cap a Gordon
 De Gordon an Avinhon
  Cromparem de caliçon

Extrait de *Calendreta*, paroles de Fabulous Trobadors

Musique et danse urbaine :

La tecktonik

Née dans la banlieue parisienne, cette danse captive essentiellement les adolescents qui sortent en discothèque ou se retrouvent dans la rue pour faire des démonstrations de cette nouvelle gestuelle.
Sur fond de musique électronique, les danseurs attirent l'attention par leur habileté physique mais aussi par une esthétique très particulière, notamment chez les garçons : pantalons étroits, t-shirt ou blouson aux couleurs vives, crêtes dans les cheveux, chaussures montantes...
Après les tournois de hip-hop et de break, il est possible de voir, dans le centre de Paris, des groupes de jeunes réunis pour montrer les dernières chorégraphies à la mode. En piste !

Deux facettes de la musique venue du Québec

A. Lis cette page du magazine *Vite, la musique !*

B. Lequel de ces deux artistes as-tu envie d'écouter ?

C. Recherche le site officiel Internet de l'artiste choisi et visite-le. Quelles rubriques te semblent les plus intéressantes?

Céline Dion

C'est la voix la plus connue du Québec. Cette artiste a su garder une place dans les meilleures ventes depuis plus de 15 ans. Née dans une famille de musiciens de 14 enfants, elle a appris à chanter et danser très jeune. Céline Dion a produit des dizaines d'albums à un rythme frénétique. Elle a aussi collaboré avec de nombreux chanteurs et a chanté en français et en anglais.
Ses concerts réunissent des milliers de fans, toujours fidèles admirateurs de sa voix et de la mise en scène de ses spectacles.

Gadji Gadjo

Passionné de musique du monde, ce groupe encore peu connu en France, connaît un énorme succès au Québec. Composé de six musiciens très différents et tous motivés, Gadji Gadjo est une bande d'amis séduits par la musique tzigane. Chacun a un parcours musical différent et tous ont voyagé pour ouvrir leurs horizons musicaux et s'inspirer d'autres cultures. Et c'est sur l'accordéon, la joie et les rythmes de l'Est que Gadji Gadjo réussit à faire danser ses fans à chaque concert.

A. Lisez les deux critiques de concerts suivantes. Relevez toutes les impressions positives et négatives des journalistes.

NOTRE AVIS

ON Y ÉTAIT !

Cet ensemble de musiciens a su faire vibrer la salle pendant plus de deux heures ! Complicité des musiciens et voix magique, une combinaison exceptionnelle pour les six cents spectateurs venus de toute la région pour ce concert unique qui restera dans nos mémoires. Un délice pour les oreilles, un plaisir pour nos jambes ! Merci les Triple Basses ! ■

Caroline Lapage

Places vendues depuis des mois, campagne de publicité omniprésente sur les ondes radios... Nous attendions bien plus des Sauvage Garage, ce groupe de rock de Lyon. Le son n'était pas bon, la salle trop grande et le chanteur, hélas, semblait plus fatigué du voyage que motivé pour donner le maximum ce soir. Le public, déçu dès la troisième chanson, n'a pas pu mettre l'ambiance nécessaire. Bref, concert beaucoup trop froid et impersonnel. L'ensemble est à améliorer si ce groupe prétend rester sur le devant de la scène dans les mois qui viennent. Julien Treitini

NOTRE RECUEIL

Nous allons... réaliser un recueil d'articles sur des chanteurs ou des groupes que nous aimons.

1 Formez des groupes de quatre. Chaque groupe aura la responsabilité d'une double page du recueil.

2 Répartissez-vous les thèmes des différentes doubles pages. Voici des idées d'articles que vous pouvez présenter sur chaque double page.

- biographies, discographies et interviews d'artistes
- recommandations de chansons ou d'albums
- actualité des concerts et des dédicaces
- présentations et critiques d'émissions de télé sur la musique
- présentations de chanteurs d'une autre époque
- création de mots-croisés ou de mots mêlés sur le thème de la musique
- présentation d'une station de radio : genre, animateurs, points positifs et négatifs
- ...

3 Composez les pages en combinant images, textes et enregistrements audio. Pensez à donner un titre à votre double page.

4 Présentez votre double page au reste de la classe.

5 Ensemble, discutez de l'ordre des contenus et de la cohérence de la présentation.

6 Assemblez les pages du magazine.
Vous pouvez joindre une cassette ou un CD avec les chansons présentées dans votre magazine.

7 Votez ou choisissez un nom pour ce numéro spécial.

!

IL NOUS FAUT :

✓ des feuilles de couleur
✓ des photos
✓ des chansons enregistrées
✓ des cassettes, CD, un magnétophone...

Maintenant tu sais...

1 **Tu sais déjà faire beaucoup de choses !**

Maintenant, tu sais faire tout ça !
À trois, cherchez une phrase pour compléter chaque rubrique.

Proposer des solutions

Les transports en commun devraient être gratuits en ville.
Le gouvernement devrait aider les jeunes à trouver un premier emploi.

Parler de nos habitudes et de nos goûts musicaux

J'écoute toujours de la musique quand je fais mes devoirs, ça m'aide à me concentrer.
Je ne regarde pas souvent les clips à la télé.

Informer des droits et des devoirs

En France, l'école est obligatoire de 6 à 16 ans.
On a le droit de voter à partir de 18 ans.

Critiquer et recommander des artistes ou une chanson

Ce nouveau groupe fait des choses vraiment originales. Leur dernier album est meilleur que le précédent. Je trouve que les paroles de leurs chansons sont un peu trop romantiques.

Commenter des sujets d'actualité

Selon la Croix-Rouge, le nombre de sans-abri est toujours en augmentation, c'est inacceptable !

Présenter un problème et ses causes

L'air des villes est pollué à cause de l'augmentation du nombre de voitures.
Grégory a résolu son problème grâce à l'aide de l'association.

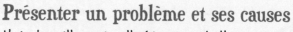

Inventer des images et faire des comparaisons

Tes yeux, telles deux étoiles, éclairent mes nuits.
Ton rire est comme un soleil dans mon cœur.

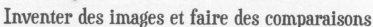

2 Compréhension orale

Piste 57

	Vrai	Faux	On ne sait pas
01 La conversation a déjà commencé.	.....	.....	.....
02 Alix n'est pas allé à la manifestation d'hier.	.....	.....	.....
03 Il y avait 1500 personnes à la manifestation.	.....	.....	.....
04 Les élèves de l'autre lycée de la ville ont participé à la manifestation.	.....	.....	.....
05 Il y avait aussi beaucoup de professeurs.	.....	.....	.....
06 Les lycéens manifestent car leurs salles sont mal équipées.	.....	.....	.....
07 Les trois amis vont se voir à la cantine.	.....	.....	.....
08 Alix va aller à la réunion de ce soir.	.....	.....	.....
09 Il y a une autre manifestation dans une semaine.	.....	.....	.....
10 Léa ne peut pas assister à la réunion.	.....	.....	.....

3 Compréhension écrite

Réponds aux questions sur le dernier chapitre de la BD
« Tout est bien qui finit bien ! » (p.88).

POURQUOI CE CHAPITRE S'APPELLE-T-IL « TOUT EST BIEN QUI FINIT BIEN » ?

À TON AVIS DE QUELLE MANIFESTATION LE MAIRE PARLE-T-IL ?

COMMENT MANU SE SENT-IL ? POURQUOI ? (VIGNETTE 3)

LES RELATIONS ENTRE MANU ET ÉMILIE ONT-ELLES CHANGÉ ? POURQUOI ?

TU AS AIMÉ CETTE BD ? DIS QUEL CHAPITRE TU AS TROUVÉ LE PLUS INTÉRESSANT ET POURQUOI.

QUEL EST TON PERSONNAGE PRÉFÉRÉ ? POURQUOI ?

4 Expression orale

Entretiens dirigés

Dans les épreuves du DELF, on te demandera
de te présenter. Présente-toi en parlant de ta famille,
de ton caractère, de tes goûts, etc.
Ensuite, l'examinateur te posera des questions.
Entraîne-toi avec un camarade ou avec ton professeur.

Monologues

On te demandera aussi de faire un monologue sur
un sujet qui te concerne, puis l'examinateur te posera
des questions. Voici trois exemples de sujets.
Entraîne-toi avec un camarade !

1 Quel est ton groupe ou ton/ta chanteur(euse) préféré(e) ?
   Présente-le/la et explique pourquoi.
2 Pour quelle cause serais-tu prêt(e) à participer
   à une manifestation ?
3 Quand es-tu allé(e) à ton premier concert ? Raconte !

Dialogues

À deux, choisissez un des sujets suivants
et préparez le dialogue.

Sujet 1	Sujet 2	Sujet 3
Avec un(e) camarade vous discutez des problèmes (organisation, ambiance, emploi du temps, règlement, matières...) qu'il y a dans votre lycée et des solutions possibles pour les résoudre.	C'est l'anniversaire d'un(e) ami(e). Avec un autre ami, vous voulez lui offrir un CD. Avant d'aller l'acheter, vous discutez ensemble de ses goûts musicaux.	Dans ta ville, il y a une manifestation contre le racisme. Tu veux y aller mais tes parents ne sont pas d'accord. Tu en parles avec eux.

5 Expression écrite

Rédige un manifeste contre
la violence à l'école.
Il doit contenir :

– un titre.
– quatre à six points expliquant
  les engagements à prendre
  par chacun pour résoudre les
  problèmes.

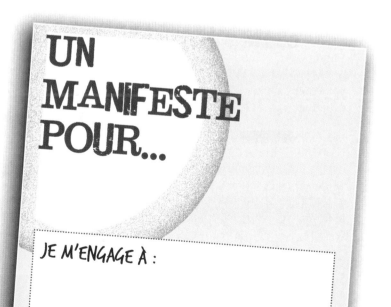

UN MANIFESTE POUR...

JE M'ENGAGE À :

Test

6 Complète ces phrases avec une des trois propositions.
Ensuite compare tes réponses avec celles de ton voisin.

1 La fatigue de beaucoup
de gens .... à
un manque de sommeil.
- **a** est due
- **b** est causée
- **c** s'explique

2 Les filles .... avoir
les mêmes chances que
les garçons.
- **a** devraient
- **b** il faut
- **c** doit

3 .... les statistiques, les
filles font des études plus
longues que les garçons.
- **a** Après
- **b** D'après
- **c** Avant

4 Tu devrais chercher une
solution à ton problème
.... continuer à
pleurer.
- **a** au lieu
- **b** plutôt que
- **c** au lieu de

5 ● Qu'est-ce qu'on fait ?
On va voir *Vendredi 13* ?
○ Bof... Je préfèrerais
voir un film de science-
fiction .... un film
d'horreur.
- **a** au lieu
- **b** plutôt
- **c** plutôt qu'

6 Zoé était ....
contente ce matin que je
n'ai pas osé lui apprendre
la mauvaise nouvelle.
- **a** si
- **b** aussi
- **c** très

7 Il y a .... de choses à
faire ici ! On ne sait pas par
où commencer !
- **a** si
- **b** tellement
- **c** très

8 ● Il était super ce concert !
○ Ouais ! C'était ....
de l'année !
- **a** le pire
- **b** le meilleur
- **c** le plus

9 ● Je n'aime pas du tout
cette chanson !
○ Ah bon !? Pour moi c'est
.... du CD.
- **a** le meilleur
- **b** les meilleures
- **c** la meilleure

10 Dans notre classe, il y a
.... de filles que
de garçons.
- **a** autant
- **b** aussi
- **c** mêmes

11 C'est cool, cette semaine,
on a .... devoirs que
les autres semaines !
- **a** moins que
- **b** moins de
- **c** moins

12 Tes mauvais résultats
.... ton manque de
concentration en classe.
- **a** à cause
- **b** dus à
- **c** s'expliquent par

13 ● Alors, c'était bien
votre concert ?
○ Super ! Il y avait ....
monde que ce qu'on
attendait !
- **a** plus de
- **b** plus
- **c** aussi

14 Cette année, il y a eu
.... 90% de réussite
au bac, un record !
- **a** un
- **b** ø
- **c** le

15 Durant .... six
.... mois, il y a eu
trois marches contre le
racisme.
- **a** les derniers / ø
- **b** ø / les derniers
- **c** les / derniers

16 ● Quoi ?! Il y a seulement
.... des élèves
en classe aujourd'hui !
○ Oui, il y a une épidémie de
grippe, un élève sur deux
est malade.
- **a** le quart
- **b** le tiers
- **c** la moitié

17 ● Tu as écouté
leur nouveau CD ?
○ Oui, j'adore ! Il est
.... mieux que
le premier !
- **a** aussi
- **b** autant
- **c** tellement

18 Goûte ces gâteaux, ce sont
les .... de la ville !
- **a** meilleur
- **b** meilleurs
- **c** meilleures

19 ● Pourquoi Marion
est-elle si énervée ?
○ C'est .... Julien,
il a été très désagréable.
- **a** par
- **b** à cause de
- **c** grâce à

20 Toutes ces manifestations
sont .... aux
incidents de la semaine
dernière, les gens sont
vraiment en colère.
- **a** dû
- **b** dus
- **c** dues

Précis
grammatical

Précis grammatical

L'ALPHABET PHONÉTIQUE

Voyelles orales

[a]	Marie [maʀi]
[ɛ]	fait [fɛ] / frère [fʀɛʀ] / même [mɛm]
[e]	étudier [etydje] / les [le] / vous avez [vuzave]
[ə]	le [lə]
[i]	Paris [paʀi]
[y]	rue [ʀy]
[ɔ]	robe [ʀɔb]
[o]	mot [mo] / cadeau [kado] / jaune [ʒon]
[u]	bonjour [bõʒuʀ]
[ø]	jeudi [ʒødi]
[œ]	sœur [sœʀ] / peur [pœʀ]

Voyelles nasales

[ã]	dimanche [dimãʃ] / vent [vã]
[ɛ̃]	intéressant [ɛ̃teʀesã] / impossible [ɛ̃pɔsibl]
[õ]	mon [mõ]
[œ̃]	lundi [lœ̃di] / un [œ̃]

Semi-consonnes

[j]	piéton [pjetõ]
[w]	pourquoi [purkwa]
[ɥ]	je suis [ʒəsɥi]

Consonnes

[b]	Bruxelles [bʀyksɛl] / abricot [abʀiko]
[p]	père [pɛʀ] / apprendre [apʀãdʀ]
[t]	tableau [tablo] / attendre [atãdʀ]
[d]	samedi [samdi] / addition [adisjõ]
[g]	gâteau [gato] / langue [lãg]
[k]	quel [kɛl] / crayon [kʀejõ] / accrocher [akʀɔʃe] / kilo [kilɔ]
[f]	fort [fɔʀ] / affiche [afiʃ] / photo [fɔto]
[v]	ville [vil] / avion [avjõ]
[s]	français [fʀãsɛ] / silence [silãs] / passer [pase] / attention [atãsjõ]
[z]	maison [mezõ] / zéro [zero]
[ʃ]	chat [ʃa]
[ʒ]	jupe [ʒyp] / géographie [ʒeɔgrafi]
[m]	maman [mamã] / grammaire [gramɛʀ]
[n]	bonne [bɔn] / neige [nɛʒ]
[ɲ]	Espagne [ɛspaɲ]
[l]	lune [lyn] / intelligent [ɛ̃teliʒã]
[ʀ]	horrible [ɔʀibl] / mardi [maʀdi]

Des sons et des lettres

Consonnes
Voyelles orales
Semi-consonnes
Voyelles nasales

QUELQUES CONSEILS POUR PRONONCER LE FRANÇAIS

Les consonnes en position finale

En général, on ne prononce pas les consonnes en fin de mot.

gran**d**	[gʀã]
peti**t**	[pəti]
ils aim**ent**	[ilzɛm]

Le *e* en position finale

En général, on ne prononce pas le **e** en fin de syllabe ou en fin de mot.

Nous app**e**lons le docteur. [nuzaplõlədɔktœʀ]
la tabl**e** [latabl]

Le **e** final permet de prononcer la consonne qui le précède.

grand [gʀã] / gran**de** [gʀãd]

Les voyelles nasales

Les voyelles nasales sont une des particularités de la langue française. Pour les prononcer, on conseille souvent de faire passer l'air par le nez ! Comme quand on se pince le nez ou qu'on imite une personne enrhumée. Il y a quatre voyelles nasales.

Le son [ã]
Pour le prononcer, il faut à peine ouvrir la bouche tout en se bouchant le nez et dire A.

ch**am**p [ʃã], gr**an**d [gʀã], t**em**ps [tã], v**en**t [vã]

Le son [ɛ̃]
Pour le prononcer, il faut ouvrir bien grand la bouche tout en se bouchant le nez et dire E.

jard**in** [ʒaʀdɛ̃], rom**ain** [ʀɔmɛ̃], **im**possible [ɛ̃pɔsibl]

Le son [õ]
Pour le prononcer, il faut ouvrir bien grand la bouche tout en se bouchant le nez et dire O comme dans *soleil*.

mais**on** [mezõ], m**on** [mõ], garç**on** [gaʀsõ]

Le son [œ̃]
Ce son se situe entre [ɛ̃] et [õ]. Certains francophones le prononce comme [ɛ̃]

un [œ̃], parfum [paʀfœ̃]

Le son [y]

On peut réaliser ce son en plaçant les lèvres en avant comme pour prononcer un **u** mais en prononçant **i**. On l'écrit toujours *u*.

une r**u**e
il a v**u**

L'accent tonique

En français, l'accent tonique est toujours placé à la fin du mot ou du groupe de mots, indépendamment du ou des accent(s) graphique(s).

Elle est allée à Tou**lon**.
J'adore le ciné**ma**.
Sa famille est péru**vienne**.

La liaison

Quand un mot commence par une voyelle et que le mot précédent finit par une consonne, on doit très souvent unir les deux. On dit qu'on « fait la liaison ».

Les_élèves

ils_ont

Nous_allons_à Nice.

💡 *Dans certains cas, le **h** empêche la liaison.*

Les héros des films gagnent toujours.

💡 *Après **et**, on ne fait jamais de liaison.*

Marie et Amélie vont au cinéma.

Précis grammatical

LES ACCENTS

En français, alors qu'il y a un accent tonique unique sur la fin du mot ou d'un groupe de mots, on peut trouver deux ou trois accents graphiques sur un seul mot.

> t**é**l**é**phone [telefɔn], pr**é**f**é**r**é**e [pʀefeʀe], **é**l**è**ve [elɛv]

L'accent aigu (´)

Il se place seulement sur le **e**. Il peut y en avoir plusieurs par mot.

Dans ce cas, le **e** se prononce [e].

> caf**é** [kafe], mus**é**e [myze], po**é**sie [poezi], télé [tele]

L'accent grave (`)

Il se place sur le **e**, le **a** et le **u**.
Sur le **a** et sur le **u**, il sert à distinguer un mot d'un autre.

a (verbe avoir) / **à** (préposition)

> Il **a** un chien. / Il habite **à** Toulouse.

la (article défini) / **là** (adverbe de lieu)

> **la** sœur de Cédric / Mets-le **là**.

où (pronom relatif et interrogatif) / **ou** (conjonction de coordination)

> Tu habites **où** ? / Blanc **ou** noir ?

Sur le **e**, il se prononce [ɛ].

> m**è**re [mɛʀ], myst**è**re [mistɛʀ]

L'accent circonflexe (^)

Il se place sur toutes les voyelles sauf le **y**.

Comme l'accent grave, il sert à éviter la confusion entre certains mots.

sur (préposition) / **sûr** (adjectif)

> Le livre est **sur** la table. / Tu es **sûr** qu'il vient ?

Sur le **e**, il se prononce [ɛ].

> fen**ê**tre [fənɛtʀ], t**ê**te [tɛt]

Le tréma (¨)

On trouve le tréma (¨) sur les voyelles **e** et **i** pour indiquer que la voyelle qui les précède doit être prononcée séparément.

> cano**ë** [kanɔe], égo**ï**ste [egɔist]

COMPTER DE *0* À *2000* ET AU-DELÀ

De *0* à *69*

0	**zéro**	17	**dix-sept**
1	**un**	18	**dix-huit**
2	**deux**	19	**dix-neuf**
3	**trois**	20	**vingt**
4	**quatre**	21	**vingt et un**
5	**cinq**	22	**vingt-deux**
6	**six**	23	**vingt-trois**
7	**sept**	24	**vingt-quatre**
8	**huit**	25	**vingt-cinq**
9	**neuf**	26	**vingt-six**
10	**dix**	27	**vingt-sept**
11	**onze**	28	**vingt-huit**
12	**douze**	29	**vingt-neuf**
13	**treize**	30	**trente**
14	**quatorze**	40	**quarante**
15	**quinze**	50	**cinquante**
16	**seize**	60	**soixante**

De *70* à *99*

70	**soixante**-dix	85	**quatre-vingt**-cinq
71	**soixante** et onze	86	**quatre-vingt**-six
72	**soixante**-douze	87	**quatre-vingt**-sept
73	**soixante**-treize	88	**quatre-vingt**-huit
74	**soixante**-quatorze	89	**quatre-vingt**-neuf
75	**soixante**-quinze	90	**quatre-vingt**-dix
76	**soixante**-seize	91	**quatre-vingt**-onze
77	**soixante**-dix-sept	92	**quatre-vingt**-douze
78	**soixante**-dix-huit	93	**quatre-vingt**-treize
79	**soixante**-dix-neuf	94	**quatre-vingt**-quatorze
80	**quatre-vingts**	95	**quatre-vingt**-quinze
81	**quatre-vingt**-un	96	**quatre-vingt**-seize
82	**quatre-vingt**-deux	97	**quatre-vingt**-dix-sept
83	**quatre-vingt**-trois	98	**quatre-vingt**-dix-huit
84	**quatre-vingt**-quatre	99	**quatre-vingt**-dix-neuf

*En Belgique et en Suisse, on ne dit pas soixante-dix mais **septante**, ni quatre-vingt-dix mais **nonante**.*
*En Suisse, on ne dit pas quatre-vingts mais **huitante**.*

De *100* à *1000*

100	**cent**		
101	**cent** un	1000	**mille**
110	**cent** dix	1001	**mille** un
200	deux **cents**	2000	deux **mille**
201	deux **cent** un	etc.	
etc.			

 *On écrit **cent** sans **s** sauf pour...*

> *deux cent**s** / trois cent**s** / quatre cent**s** / cinq cent**s** / six cent**s** / sept cent**s** / huit cent**s** / neuf cent**s***

LES ADJECTIFS ORDINAUX

On forme les adjectifs ordinaux en ajoutant **-ième** au nombre cardinal.

> **trois** → **troisième**

Si le nombre cardinal termine en **-e**, celui-ci disparaît.

> **quatre** → **quatrième**

Cas particulier

> **un** → **premier** mais **vingt et unième**, **trente et unième**, etc.
> **cinq** → **cinquième**
> **neuf** → **neuvième**

Si on évoque les siècles, l'ordre d'arrivée d'une course, etc., on emploie les adjectifs ordinaux.

> *Un auteur du **vingtième** siècle.*
> *Elle est arrivée **sixième**.*

 deuxième / second
Ces deux termes peuvent être employés sans distinction.

> Il est arrivé deuxième / second.

 -ième = ᵉ
La forme abrégée des adjectifs ordinaux est :

> Deuxième → 2ᵉ
> Vingtième siècle → XXᵉ siècle

 Tiers / Quart
*Pour désigner la troisième partie ou la quatrième partie de quelque chose, on parle de **tiers** et de **quart**.*

> Le **tiers** monde (1/3), un **quart** de la population (1/4)

LES ARTICLES

Définis

		masculin	féminin
singulier		**le** cahier	**la** table
		l'arbre **l'**hôtel	**l'**école
pluriel		**les** cahiers **les** arbres **les** hôtels	**les** tables **les** écoles

 *Quand un mot commence par une voyelle ou un « h », l'article défini singulier est toujours **l'**.*

> *l'arrivée*

> *l'hôtel*

On trouve des exceptions avec « h ».

> *le **h**éros*

Indéfinis

	masculin	féminin
singulier	**un** garçon	**une** fille
pluriel	**des** garçons	**des** filles

Partitifs

Les partitifs sont des articles qui servent à indiquer une quantité non déterminée.

un verre d'eau   **de** l'eau

	masculin	féminin
singulier	**du** chocolat	**de la** farine
	de l'air	**de l'**eau
pluriel	**des** gâteaux	**des** oranges

Précis grammatical

LES NOMS DE PROFESSIONS

Les professions, comme les adjectifs, s'accordent en genre et nombre.

	masculin	féminin
singulier	avocat infirm**ier** informatic**ien** act**eur** coiff**eur**	avocat**e** infirmi**ère** informaticien**ne** act**rice** coiffeu**se**
pluriel	avocat**s** infirmier**s** informaticien**s** acteur**s** coiffeur**s**	avocate**s** infirmières**s** informaticienne**s** actrice**s** coiffeuse**s**

 Certaines professions n'ont pas une forme spécifiquement féminine. C'est souvent le cas de celles qui ont été pendant longtemps exercées par des hommes et qui maintenant le sont autant par les hommes que par les femmes.

> ***un / une** journaliste*
> ***un / une** architecte*
> ***un / une** sociologue*

*D'autres prennent de plus en plus souvent un **e** final pour indiquer le féminin. Cette tendance est généralisée en français du Québec et l'est un peu moins en français de France.*

> *un écrivain / **une** écrivain**e***
> *un professeur / **une** professeur**e***

C'est / il est / elle

> ● **C'était qui** *Gauguin ?*
> ○ **C'était un** *peintre.*
> ● **Qu'est-ce qu'elle fait** *ta sœur ?*
> ○ **Elle est** *chimiste.*

SITUER DANS LE PRÉSENT

Le présent

On emploie le présent pour parler d'actions habituelles qui se passent au moment où on parle ou pour parler du futur.

Les verbes en -er

Il existe de très nombreux verbes en **-er**. Les nouveaux verbes font partie de ce groupe (**informatiser**, **chatter**, **robotiser**, etc.). La majorité de ces verbes ont une conjugaison régulière à partir d'un seul radical qu'on appelle aussi **base**.

> **PRÉPARER**
>
> | je | prépar **-e** |
> | tu | prépar **-es** |
> | il/elle/on | prépar **-e** |
> | nous | prépar **-ons** |
> | vous | prépar **-ez** |
> | ils/elles | prépar **-ent** |

 *Les terminaisons **-e/-es/-e/-ent** ne se prononcent pas. Le verbe a la même prononciation pour ces quatre formes.*

 Quelques particularités :
*- Le verbe **aller** est irrégulier (voir Conjugaison).*
*- Il ne faut pas oublier le **i** du radical des verbes en **-ier** (**étudier** = j'étudie, tu étudies, ...).*

- Si un verbe commence par une voyelle ou un **h** (**aimer**, **habiter**), on apostrophe **je** : **j'**.

- À l'oral, le pronom **tu** devient souvent **t'** devant une voyelle. À l'écrit, on n'apostrophe pas **tu**, mais il est courant de le faire pour transposer la langue orale, comme dans les bandes dessinées, par exemple.

> **T'**as quel âge ? (= **Tu** as quel âge ?)
> **T'**es d'où ? (= **Tu** es d'où ?)

- Si le radical termine par **c** ou **g**, il s'écrit **ç** ou **ge** devant la terminaison **-ons** pour en maintenir la prononciation.

> **COMMENCER**
>
> Nous commen**ç**ons

> **MANGER**
>
> Nous man**ge**ons

- Certains verbes en **-er** se conjuguent avec **deux bases** : appeler (appe**ll**-, appe**l**-), préférer (préf**è**r-, préf**é**r-), envoyer (env**oi**-, env**oy**-), acheter (ach**è**t-, ach**e**t-) (voir Conjugaison).

Les autres verbes

Les autres verbes peuvent avoir deux ou trois bases et ont des terminaisons différentes.

Exemples de verbes à deux bases :

	FINIR	SORTIR	METTRE
je	fini -s	sor -s	met -s
tu	fini -s	sor -s	met -s
il/elle/on	fini -t	sor -t	met -
nous	finiss -ons	sort -ons	mett -ons
vous	finiss -ez	sort -ez	mett -ez
ils/elles	finiss -ent	sort -ent	mett -ent

Exemples de verbes à trois bases :

	PRENDRE	DEVOIR	VOULOIR
je	prend -s	doi -s	veu -x
tu	prend -s	doi -s	veu -x
il/elle/on	prend -	doi -t	veu -t
nous	pren -ons	dev -ons	voul -ons
vous	pren -ez	dev -ez	voul -ez
ils/elles	prenn -ent	doiv -ent	voul -ent

Le présent continu

Être (au présent de l'indicatif) + **en train de** + **infinitif** est la forme qui transmet l'idée de continuité d'une action au présent et indique le cadre dans lequel se déroule un fait. Cette construction est directement en concurrence avec le présent de l'indicatif. Elle est utilisée pour insister sur l'action qui se déroule au moment de l'énoncer.

- ● Tu **es en train de lire** quoi en ce moment ?
- ○ Un livre de mystère.

 Les pronoms accompagnent toujours le verbe à l'infinitif.

*J'étais en train de **me** préparer pour sortir, quand Odile est arrivée.*

L'impératif

On emploie l'impératif pour donner des ordres ou des instructions, interdire ou conseiller, ainsi que pour faire une proposition.

Taisez-vous et **écoutez** s'il vous plaît !
Branchez l'appareil et **appuyez** sur la touche verte.
Ne faites pas ça, s'il vous plaît !
Prends un parapluie, il va pleuvoir.
Reprends donc un peu de gâteau !

L'impératif se forme à partir du présent. Il y a seulement trois personnes et les pronoms sujets ne s'utilisent pas.

	affirmation	négation
écouter (tu)	**Écoute !**	**N'écoute pas !**
partir (nous)	**Partons !**	**Ne partons pas !**
boire (vous)	**Buvez !**	**Ne buvez pas !**

 *Pour les verbes en **-er**, le **s** de la deuxième personne du singulier disparaît.*

Les verbes pronominaux à l'impératif.

	affirmation	négation
se lever (tu)	Lève-**toi** !	Ne **te** lève pas !
s'arrêter (nous)	Arrêtons-**nous** !	Ne **nous** arrêtons pas !
se dépêcher (vous)	Dépêchez-**vous** !	Ne **vous** dépêchez pas !

 Quelques formes irrégulières.

ÊTRE	AVOIR
Sois sympa !	**N'aie pas** peur !
Soyons sympas !	**N'ayons pas** peur !
Soyez sympas !	**N'ayez pas** peur !

À la forme affirmative :
*- les pronoms se placent **après** le verbe.*

> *Cette chemise te va à merveille. Achète-**la** !*

*- on emploie, après le verbe, les pronoms toniques **moi** et **toi** à la place de **me** et **te**.*

> *Dis-**moi** à quelle heure commence la fête.*
> *Allez, lève-**toi** ! C'est l'heure d'aller à l'école !*

À la forme négative :
*- les pronoms se placent **avant** le verbe.*

> *Ne **leur** dis rien !*

*- **moi** et **toi** deviennent **me** et **te** respectivement.*

> *Ne **me** dis pas qu'il vient !*
> *Ne **te** lève pas !*

PARLER DANS LE PASSÉ

Le passé récent

Pour évoquer une action qui a eu lieu dans un moment passé encore ressenti comme étant en contact avec le moment présent, on peut utiliser le passé récent :
VENIR DE (présent de l'indicatif) + infinitif

> ● Où est Damien ? Il était là il y a cinq minutes.
> ○ Oui, mais **il vient de partir**.

Le passé composé

On utilise le passé composé pour raconter des faits du passé.
Il se forme avec **avoir** ou **être** au présent de l'indicatif + participe passé.
La plupart des verbes se conjuguent avec **avoir**.

> **J'ai vu** un film sur un écrivain français.
> **Tu as visité** le Château de Versailles.
> **Il a neigé** dans ma région.
> **Nous avons visité** le musée du Louvre.
> **Vous avez vu** le dernier Astérix ?
> **Elles ont** beaucoup **aimé** Tunis.

Certains se conjuguent avec **être**. Dans ce cas, le participe passé s'accorde en genre et en nombre avec :

- les verbes réfléchis : se réveiller, se lever...

> **Je me suis réveillé** à 8 heures ce matin.
> **Elle s'est perdue** dans la ville.

- tous les verbes de cette liste : aller, venir, entrer, sortir, arriver, rester, partir, monter, descendre, tomber, naître, mourir, passer, retourner.

> **Elle est partie** en vacances.
> **Nous sommes allées** à Rome.
> Toulouse-Lautrec **est mort** en 1901.
> Elles **sont restées** à la maison en août.
> Il **est tombé** mais il ne s'est pas fait mal.

Le participe passé

Tous les verbes en **-er** ont un participe passé en **-é**.
La terminaison des participes passés des autres varie.
Voici quelques formes :

avoir	→	**eu**
comprendre	→	**compris**
dire	→	**dit**
être	→	**été**
faire	→	**fait**
naître	→	**né**
ouvrir	→	**ouvert**
pouvoir	→	**pu**
savoir	→	**su**
venir	→	**venu**
voir	→	**vu**

L'imparfait

On forme l'imparfait sur le radical de la **1ʳᵉ personne du pluriel du présent** à laquelle on ajoute les terminaisons **-ais, -ais, -ait, -ions, -iez, -aient** :

METTRE (présent : nous **mett**ons)

je	**mett** -ais
tu	**mett** -ais
il/elle/on	**mett** -ait
nous	**mett** -ions
vous	**mett** -iez
ils/elles	**mett** -aient

 *L'imparfait du verbe **être** : j'**étais**, tu **étais**, il/elle/on **était**, nous **étions**, vous **étiez**, ils/elles **étaient**.*

Les emplois de l'imparfait

On emploie l'imparfait pour :

- parler d'une action habituelle dans le passé.

> Antoine **jouait** au foot tous les samedis.

- **décrire une personne, un endroit ou une chose dans le passé.**

> Rachida **était** grande, brune et très sympa.
> C'**était** un grand parc avec une belle fontaine.
> Cet outil **servait** à couper le gui.

 Dans un récit au passé, on combine souvent l'imparfait et le passé composé.

> Hier après-midi, comme il **faisait** très beau, ils **ont décidé** d'aller à la plage avec des copains.

SITUER DANS LE FUTUR

Le présent

On emploie le présent pour exprimer le futur, normalement accompagné d'expressions comme **tout de suite**, **dans**. Dans ce cas, c'est une notion future directement en rapport avec le présent.

> **Je viens** tout de suite.
> **On s'occupe** de vous dans un instant.

Le futur proche

On emploi le futur proche quand on veut le mettre en rapport avec le moment présent. Il s'agit d'une intention, d'un projet ou d'une prévision. Il se forme avec **aller au présent + infinitif**.

> Demain, **je vais aller** au cinéma avec Jenny.
> Aurélien **ne va pas venir** avec nous.

Le futur simple

On emploie le **futur** pour parler de l'avenir, des situations ou événements futurs qui n'ont aucun rapport avec le présent.

> Demain, il **pleuvra** sur la moitié nord du pays.

Formation du futur

Pour les verbes réguliers : **infinitif + -ai**, **-as**, **-a**, **-ons**, **-ez**, **-ont**.

> La semaine prochaine, je partir**ai** en Belgique.
> Tu m'accompagner**as** pendant une semaine.
> On voyager**a** avec notre vieille voiture.
> Nous manger**ons** des moules-frites.
> Vous passer**ez** nous voir à Bruxelles ?
> Nos cousins nous inviter**ont** tous à manger.

 *Les verbes en **-eler**, **-eter** **-ever**, **-ener**, ou **-eser** peuvent doubler la consonne ou prendre un accent grave devant le **e** muet : j'appe**ll**erai, je me l**è**verai, j'ach**è**terai, je je**tt**erai...*

*Les verbes terminés en **-re** perdent le **e** :*
*écri**re** → j'**écri**rai*
*comprend**re** → je **comprend**rai*

 Au futur simple, il n'y a pas de terminaison irrégulière. Par contre, certains verbes ont un radical différent. Il est le même pour toutes les personnes.

avoir	→	j'**aur**ai
être	→	je **ser**ai
aller	→	j'**ir**ai
devoir	→	je **devr**ai
envoyer	→	j'**enverr**ai
faire	→	je **fer**ai
pouvoir	→	je **pourr**ai
savoir	→	je **saur**ai
vouloir	→	je **voudr**ai
falloir	→	il **faudr**a*

**Falloir* est un verbe impersonnel. On le conjugue seulement à la troisième personne du singulier.*

SITUER DANS LE TEMPS : *IL Y A, DEPUIS, PENDANT*

- pour situer l'action dans le passé :

> **Il y a** un an, nous avons déménagé.

- pour préciser une durée :

> **Pendant** quelques mois, nous avons loué un appartement.

- pour indiquer le point de départ d'une action :

> **Depuis** trois semaines nous habitons une maison.
> **Depuis que** nous sommes dans cette maison, nous nous sentons mieux.

EXPRIMER UNE DURÉE

- **Combien de** jours seras-tu absent ?
- 8 jours, je pars **du** 7 **au** 15 mars.
- Je peux utiliser ta voiture **pendant** ton absence ?

Précis grammatical

INDIQUER UNE ÉPOQUE

Durant les 8 dernières années, nous avons déménagé cinq fois !
Il y a eu de grands bouleversements sociaux **durant** cette décennie.
Le XXᵉ siècle est un siècle d'innovation technologique.

EXPRIMER LA MANIÈRE

Les adverbes de manières

Ce sont des mots invariables. Ils accompagnent un verbe et complètent le sens de la phrase.

On forme la plupart des adverbes à partir du féminin des adjectifs auquel on ajoute le suffixe **-ment**.

lent → lent**e** → lente**ment**

Si l'adjectif a une forme unique terminée en **-e**, on ajoute **-ment**.

facile → facile**ment**

Si l'adjectif se termine par un **-i**, on ajoute **-ment**.

poli → poli**ment**
vrai → vrai**ment**

Si l'adjectif au masculin se termine par **-ant** ou **-ent**, on remplace cette terminaison par **-amment** ou **-emment** respectivement.

élégant → élég**amment**
patient → pati**emment**

 *La forme **-emment** se prononce [amã].*

Quelques formes particulières :

bref (brève) → briève**ment**
gentil (gentille) → genti**ment**
précis (précise) → précisé**ment**
énorme (énorme) → énormé**ment**

 *Au passé composé, on place souvent l'adverbe entre **avoir/être** et le participe passé.*

Nous avons facilement trouvé la gare.

Le gérondif (en + participe présent)

On peut aussi indiquer la manière à l'aide du **gérondif (en + participe présent)**.

courir → **en** cour**ant**
sourir → **en** souri**ant**

Max était très pressé. Il est sorti **en courant**.

Sans + infinitif

La manière permet aussi d'exprimer l'absence d'action à l'aide de **sans + infinitif**.

sans bouger
sans dire un mot

Comme il était tard, Pierre est entré **sans faire** de bruit.

LA PLACE DE L'ADJECTIF

En général, l'adjectif est placé après le nom.

Une robe **rouge**
Une histoire **passionnante**

Certains adjectifs se placent avant le nom : **beau, joli, jeune, vieux, nouveau, petit, grand, mauvais, bon, gros**

Comme il était tard, Pierre est entré **sans faire** de bruit.

LES VERBES PRONOMINAUX

Aux temps simples : présent, imparfait, futur simple

Se laver, se préparer, se doucher, s'appeler, ... sont des verbes pronominaux. Le sujet est accompagné d'un pronom personnel (**me, te, se, nous, vous, se**).

	SE LAVER	S'HABILLER
je	**me** lave	**m'**habille
tu	**te** laves	**t'**habilles
il/elle/on	**se** lave	**s'**habille
nous	**nous** lavons	**nous** habillons
vous	**vous** lavez	**vous** habillez
ils/elles	**se** lavent	**s'**habillent

Au passé composé

On doit conjuguer les verbes pronominaux avec l'auxiliaire **être**. Dans ce cas, on accorde généralement le participe passé avec le sujet.

	SE LEVER
je	**me suis** levé(e)
tu	**t'es** levé(e)
il/elle/on	**s'est** levé(e)
nous	**nous sommes** levé(e)s
vous	**vous êtes** levé(e)(s)
ils/elles	**se sont** levé(e)s

PROJETS ET INTENTIONS

Exprimer un souhait, une intention.

Je **voudrais** devenir vétérinaire.
J'**ai envie de** faire du théâtre.
Je **veux** acheter cette robe.
Je **vais** déménager à Paris.
J'**aimerais** faire un grand voyage.

RACONTER LES ÉTAPES D'UNE VIE

commencer + nom : *commencer une nouvelle étape.*
continuer + nom : *continuer son travail de recherche.*
arrêter + nom : *arrêter sa carrière d'actrice.*

commencer à + verbe : *commencer à s'entraîner.*
continuer à + verbe : *continuer à jouer*
arrêter de + verbe : *arrêter de chanter*

Vanessa Paradis **a commencé à** chanter très jeune.

Puis, elle **a continué** sa carrière dans le cinéma.

Et après quelques films, elle **a arrêté de** travailler pour s'occuper de ses enfants.

ORGANISER UN TEXTE

Certains mots (indicateurs, connecteurs) permettent de mieux structurer et comprendre un récit.

Les indicateurs temporels

Pour se situer dans le temps

Un jour, il a décidé de partir en Afrique.
Hier, elle est restée au lit car elle était malade.
L'année dernière, nous avons fait du japonais.
Aujourd'hui, c'est dimanche. Tout est fermé.
En ce moment, les fruits sont très chers.
Maintenant vous pouvez voyager pour pas cher.
Demain, elle ira chercher ses amis à la gare.
La semaine prochaine, nous irons voir mamie.
Le week-end prochain, nous allons skier.
Quand Adrien aura son bac, il partira faire le tour du monde.
Dans dix ans, je travaillerai en Irlande.
Les bureaux sont fermés **entre** midi **et** 14 heures.
En France, l'école est obligatoire **jusqu'à** 16 ans.
En 1969, l'homme a marché sur la Lune.
Au XIX s., une lettre mettait des jours à arriver ; **actuellement,** avec le courriel, quelques secondes suffisent.

Pour parler d'actions habituelles, on peut utiliser **chaque fois que** ou **quand**.

Je le vois **chaque fois que / quand** je vais au parc.

Avant, **avant de** et **après** permettent de situer une action par rapport à une autre ou par rapport à un moment.

Mets la crème **avant** le shampooing et laisse agir.
Tu devrais te reposer **avant de** repartir travailler.
Il est allé faire une promenade **après** le déjeuner.

Pour organiser le récit dans le temps

Quand on raconte une histoire, qu'on rapporte des faits, etc., on peut utiliser :
- **d'abord** pour l'introduction,
- **ensuite**, **puis** pour le développement,
- **finalement**, **enfin**, **à la fin** pour la conclusion.

D'abord, mets la farine dans le récipient. **Ensuite,** ajoute les œufs. **Enfin,** verse le lait.

On utilise aussi ces éléments pour énoncer des arguments et structurer un raisonnement

Plusieurs raisons incitent les jeunes à passer des heures devant leur console. **D'abord,** il y a la grande variété de jeux. **Ensuite,** ils sont très attrayants. **Enfin,** on peut y jouer à plusieurs.

Organiser l'information

Pour ajouter des informations

et aussi	On écoutait la musique sur des disques **et aussi** sur des cassettes.
en plus	Chloé fait du théâtre et **en plus** elle joue très bien.

Pour opposer des informations

par contre / mais
J'adore les fruits, **par contre / mais** je ne mange pas beaucoup de légumes.
alors que / tandis que
Nora est brune **alors que / tandis que** ses frères sont tous roux.

Pour conclure

En résumé, ils ont des goûts vraiment différents.
Bref, Fred et sa copine n'ont aucun point commun.
Voilà !

Précis grammatical

EXPRIMER UNE CAUSE

On peut employer **car**, **parce que**, **comme**, **grâce à**, **à cause de** pour exprimer une cause.

parce que / car

- Pourquoi tu es en colère ?
- **Parce que** je me suis disputé avec mes parents. Ils ne veulent pas me laisser partir en vacances avec mes amis **car** ils pensent que nous sommes trop jeunes.

 Car s'utilise plus à l'écrit qu'à l'oral.

Comme annonce la cause avant la conséquence et s'utilise toujours en début de phrase.

Comme tu n'aimes pas le café, je t'ai fait du thé.

grâce à / à cause de

Grâce à introduit une cause positive. **À cause de** introduit une cause négative ou neutre. Ces deux expressions sont toujours suivies d'un nom.

Il a résolu ses problèmes **grâce à** l'aide de ses amis.
Ce matin, je n'ai pas pu venir **à cause de** la grève des trains.

être dû à

Ses problèmes de santé **sont dus à** la pollution.
La grève de l'hôpital est due au manque de personnel.

POUR COMPARER

Comparer des époques, des habitudes, des préférences...

Avant on voyageait beaucoup moins, mais **après,** avec l'apparition des premières autos, les habitudes ont changé.

Maintenant on ne fume plus dans les restaurants, **avant** c'était possible.

Avant Hugo aimait beaucoup les BD, **maintenant** il préfère les romans d'aventure.

Comparer des qualités

On a besoin des adjectifs qualificatifs et des mots qui marquent le degré de la comparaison.

Le superlatif absolu
très + adjectif

Manon est **très** élégante.

Les comparatifs
plus + adjectif + **que**

Bastien est **plus** grand **que** son copain.

 *On prononce le s dans **plus que***

moins + adjectif + **que**

Maéva est **moins** sportive **que** sa sœur.

 Le/la même / les mêmes

Amia et Hélène ont **le même** anorak.
la même couleur de cheveux.
les mêmes sacs.
Elles sont **pareilles**. Elles **se ressemblent beaucoup**.

LA NÉGATION

Les négations **ne ... pas (encore)**, **ne ... jamais** encadrent le verbe conjugué.

ne ... pas

- Émilie et Matéo **ne** sont **pas** frère et sœur ?
- Mais non ! Ils sont cousins !

ne ... pas encore

- Tu as déjà rencontré ton professeur de musique ?
- Non, je **ne** le connais **pas encore**.

ne ... jamais

- Vous voulez un café ?
- Non merci. Je **ne** bois **jamais** de café le soir.

 Au passé composé, on place le deuxième élément de la négation entre l'auxiliaire et le participe passé.

> Je **ne** suis **jamais** allé en Inde.
> Matéo **n'**a **pas** fait ses devoirs.

 *En français standard, à l'oral (sauf dans des exposés ou des discours), mais aussi à l'écrit (textos, courriels amicaux, chats), le **ne** de la négation est souvent omis.*

> Je ∅ le connais **pas**.
> Ils ∅ sont **pas** frère et sœur.
> Je ∅ bois **jamais** de café le soir.

IL Y A / IL N'Y A PAS / IL MANQUE

Pour indiquer l'existence de quelque chose, on peut utiliser **il y a** qu'on emploie aussi bien pour le singulier et le pluriel.

> En ville, il y a **beaucoup de** voitures.
> **assez de / suffisamment de** bus.
> **peu de** voitures.
> **plusieurs** hôtels.
> **une** pharmacie.
> **deux** boulangeries.
> Ici, il y a **trop de** bruit.
> Ici, il n'y a **aucun** bruit.

Pour indiquer l'absence de quelque chose, on peut utiliser **il n'y a pas**, **il manque**.

> Dans notre quartier, **il n'y a pas de** gymnase.
> **pas d'**hôtel.
> **aucun** lycée.
> **aucune** école.

Dans notre collège, **il manque** une piscine.

 *En français standard, surtout à l'oral (mais aussi dans la BD ou dans un chat), **il y a** devient **y'a**.*

> - *Y' a un exam de maths samedi ?*
> - *Mais non, **y' a pas** d'exam ! Ce sera l'autre samedi ! Qui t'as dit ça ?*

CE QUE

Ce que permet de reprendre un groupe de mots.

- Qu'est-ce que tu aimes faire le week-end ?
- **Ce que** j'aime, moi, c'est faire du sport et sortir avec les amis.

C'EST ... QUI / C'EST ... QUE

C'est la musique **qui** m'intéresse.

Chanteur ? **C'est** un métier **qui** est difficile.

C'est le rock **que** je préfère.

C'est une chanson **que** je connais en français.

LES PRONOMS

Les pronoms compléments COD

On utilise les pronoms d'objet direct (COD) pour éviter une répétition. Ils permettent de remplacer un nom de chose ou de personne déjà mentionné dans la conversation ou le texte. Ils se placent normalement avant le verbe conjugué (sauf à l'impératif).

Elle (ne)	me /m'	voit (pas). écoute (pas).
	te / t'	
	le / la / l'	
	nous	
	vous	
	les	

Les pronoms compléments COI

Les pronoms compléments d'objet indirect (COI) s'utilisent comme les pronoms COD.
Un complément est indirect quand il est introduit par une préposition. Il répond à la question : **à qui ?**

- Tu as parlé **à** ton professeur ?
- Oui, je **lui** ai parlé ce matin.

Elle (ne)	me /m'	dit (pas) la vérité. explique (pas) tout.
	te/t'	
	lui	
	nous	
	vous	
	leur	

Le pronom *y*

Le pronom **y** remplace un lieu auquel on a déjà fait référence dans la conversation ou dans le texte. Il évite la répétition de ce nom.

- Vous allez **à la piscine** à quelle heure ?
- On **y** va vers 15 h. Tu veux venir avec nous ? (**y** = à la piscine)

- Marie Curie est née **en Pologne**, non ?
- Oui, mais elle n'**y** a pas vécu longtemps. Elle a passé sa vie en France. (**y** = en Pologne)

Le pronom *en*

Le pronom **en** remplace un nom précédé d'une expression de quantité (articles indéfinis, partitifs, numéraux, expressions de quantité indéfinie).

- Vous voulez **un** café ?
- Non merci, je n'**en** bois jamais. (en = du café)

Quand la quantité est précisée ou si un qualificatif est utilisé, on les reprend en fin de phrase.

Sonia a **trois** chats. → Elle **en** a **trois**.
J'ai **beaucoup de** livres chez moi. → J'**en** ai **beaucoup**.
J'ai **une** robe **rouge**. → J'**en** ai **une rouge**.

qui / que / où

Qui est un **pronom relatif** sujet. Il remplace un nom commun ou un nom propre pouvant renvoyer aussi bien à une personne qu'à un objet.

J'aime **les livres qui parlent** de voyages.
Cherchons dans la classe **les garçons / les filles qui** viennent en bus au collège.

Que est un **pronom relatif** COD. Il remplace un nom commun ou un nom propre pouvant renvoyer aussi bien à une personne qu'à un objet.

J'adore **le livre que tu** m'as offert.
C'est **la fille que tu** vois tous les matins dans le bus.

Où est un **pronom relatif** complement. Il permet d'éciter la répétition d'un lieu ou d'un moment.

Dans **la ville où je suis né** il n'y a pas de métro.
Que s'est-il passé **le jour où tu es né** ?

DONNER SON AVIS

Il existe de nombreuses expressions pour donner son avis.

À mon avis,
Je crois que   c'est très intéressant.
Je pense que

- Alex, tu as aimé ce film ?
- Oui, **ça m'a semblé** très bien.
        j'ai trouvé ça pas mal.
- Non, **c'était** complètement nul.

- Tu as écouté ce CD ?
- Oui, **j'ai adoré**.
       j'ai beaucoup aimé.
       j'ai bien aimé.

- Vous avez visité l'expo de reptiles au zoo ? Elle est super, non ?
- Oh la la ! Moi, **je n'ai pas du tout aimé**.
                 j'ai détesté !

On peut aussi nuancer une opinion : **assez, plutôt**

- Vous avez lu ce livre ?
- Oui, il est **assez** intéressant.
- Moi, je l'ai trouvé **plutôt** ennuyeux.

DEMANDER ET DONNER UN CONSEIL

● **Qu'est-ce que je peux faire** ?
Qu'est-ce que tu me conseilles pour bien choisir un métier ?

○ **Tu dois** étudier régulièrement.
Il faut absolument trouver tes centres d'intérêts.
C'est important de connaître tes points forts.
Il vaut mieux parler plusieurs langues.
Ce serait bien de voyager un peu.
Si j'étais toi / à ta place, je me renseignerais sur les études universitaires.
Je te conseille de te renseigner sur le métier qui t'intéresse.
Tu pourrais / tu devrais aller voir un conseiller d'orientation.
Et si tu allais parler avec des étudiants ?

Le verbe **devoir** implique que l'action est personnelle, nécessaire, obligatoire.

Il faut / c'est important de / il vaut mieux sont des obligations plus générales ou des recommandations impersonnelles.

EXPRIMER UNE CONDITION

phrase subordonnée	phrase principale
si + présent	**présent de l'indicatif**
si + présent	**futur de l'indicatif**
si + imparfait	**conditionnel présent**

Dis, si tu étais Président de ton pays, qu'est-ce que tu ferais ?

Moi ? Je ferais la Révolution !!!

Si nous protégeons les forêts, l'air **sera** plus propre.
Si tu veux un chien, **tu dois** le sortir tous les jours pour le promener.
Si tu as les cheveux abîmés, **utilise** ce shampooing.

Si je gagnais au loto, **je ferais** un grand voyage.

L'INTERROGATION

Poser une question

Pour poser une question, on peut utiliser :

L'intonation

Tu parles français ?

 Cette forme est la plus employée à l'oral et dans certains écrits (B.D., courriels, etc.).

L'inversion

- du sujet (registre soutenu, surtout à l'écrit ou dans les discours). On place le sujet après le verbe avec un trait d'union.

Excusez-moi monsieur, parlez-vous français ?

- du mot interrogatif (registre familier, surtout oral).

Tu vas **où** ?

 *On n'inverse pas **pourquoi**.*

~~*Tu ris pourquoi ?*~~

On dit :

***Pourquoi** ris-tu ? / **Pourquoi** tu ris ?*

 ***Que** devient **quoi**.*

***Que** fais-tu ?* → *Tu fais **quoi** ?*

Est-ce que [ɛskə]
On peut utiliser **est-ce que** seul...

Est-ce que tu viens ?

ou avec un mot interrogatif.

Où est-ce que tu vas ?
Comment est-ce que tu t'appelles ?
Qu'est-ce que tu fais ?

 *L'interrogation avec **est-ce que**, la non inversion sujet-verbe et l'interrogatif placé après le verbe sont les formes les plus fréquentes, surtout à l'oral et dans l'échange écrit informel (chat, courriel, etc.).*

Précis grammatical

Les mots interrogatifs

- **Qui** est ce garçon sur la photo ?
- ○ C'est mon cousin.

- **Que** veux-tu boire ?
- ○ Un jus d'orange, s'il te plaît.

- **Où** habitez-vous ?
- ○ À Poitiers.

- **Comment** s'appelle ton chien ?
- ○ Citto.

- **Quand** est l'examen ?
- ○ Mardi prochain.

- **Pourquoi** tu es fâché ?
- ○ Parce que j'ai eu une mauvaise note en maths.

- **Combien** coûte ce jeu vidéo ?
- ○ 15 euros.

- **Quel** est son nom ?
- ○ Léa.

- **Quelle** est sa nationalité ?
- ○ Belge.

- **Quels** sont ses sports préférés ?
- ○ Le football et le tennis.

- **Quelles** sont ses activités favorites ?
- ○ Chatter sur Internet et sortir avec ses amies.

 Quel, quels, quelle, quelles se prononcent [kɛl].

LES PRÉPOSITIONS

Les prépositions changent selon le complément. Une même préposition peut introduire des notions différentes.

à / au	J'habite **à Bruxelles**. Je vais **à l'école**. Lisbonne se trouve **au Portugal**. Je vais au lycée **à** vélo.
	● **À** qui est cette jupe ? ○ **À** Danielle.
aux	Sa famille va passer l'été **aux États-Unis**.
avec	Tu pars en vacances **avec ta famille** ?
sans	Chez moi, j'ai un téléphone **sans fil.**
chez	J'achète les pommes de terre **chez Marcel**.
	Je rentre **chez moi**. Ma voiture est **chez le mécanicien**.
dans	**Dans mon collège**, il y a une bibliothèque. Je mets du sucre **dans mon café**.
de	Je viens **de Lyon**. Je viens **de l'école**. C'est le livre **de Pierre**. On lui a offert un vélo **de course**.
en	J'habite **en Allemagne**. Elle va passer ses vacances **en Équateur**. Je voyage **en train**. Nous sommes **en hiver**. Pour la fête, prends des verres **en plastique** !
pour	Le petit cadeau est **pour mon frère**.

LES PRÉPOSITIONS DE LIEU

au centre de la pièce
devant / derrière le meuble
contre le mur
en face du canapé
au-dessus de / au-dessous de la fenêtre
à gauche de / à droite de l'étagère
sur / sous la table
Il y a un tapis **par terre.**

TU et VOUS

Tu viens, Marc ?

Oui, attends une minute.

Vous pouvez m'aider, s'il vous plaît ?

Oui, Madame. Je vous prends votre valise ?

Et ça aussi !

Autoriser et interdire

Parc national de Mont-Libre
Ne vous privez pas de liberté

Vous entrez dans un espace protégé, respectez-le!

Les animaux sont **acceptés**.
Animaux **autorisés**

Il **est interdit d'**entrer avec un animal.
Interdiction d'entrer avec un animal
Ne pas entrer avec un animal
Animaux **interdits**

Degrés de certitude

- ● Tu crois que tu te marieras, toi ?
- ○ Oui, **je pense / je crois / je suppose / j'imagine** **que** je me marierai.

- ○ Je me marierai **peut-être, ça dépend.**

- ○ **Je ne sais vraiment pas** si je me marierai.
- ○ **Aucune idée**.

Attirer l'attention, exprimer la surprise, inviter...

Attirer l'attention

Pardon, excusez-moi ! Vous avez l'heure s'il vous plaît ?
Dites-moi !
Dis donc ! Arrête de faire le clown !
Mais voyons, faites moins de bruit !

Donner quelque chose

Tiens, prends ça !

La surprise ou le doute

Tiens ! T'es là, toi ?
Tiens, tiens... c'est vrai ça ?

Précis grammatical

Parler de l'aspect physique

Comment il / elle est ?

Il / elle a les cheveux courts : **il / elle s'est fait**
couper les cheveux.

Il / elle a les cheveux longs : **il / elle a laissé**
pousser ses cheveux.

Il / elle a maigri / grossi / grandi.

Il / elle porte des lunettes / des lentilles de
contact.

Décrire un objet

Les formes

Elle est **comment** ta table ?
Elle est **carrée**.
        ronde.
        rectangulaire.
        petite.
        grande.

Dis, ça sert
à quoi ça ?

À faire parler
les curieux !

La matière

Il est **en quoi** ton sac ?
Il est **en papier**.
    en tissu.
    en plastique.
Elle est **en quoi** cette boîte ?
Elle est **en métal**.
        en bois.

Sans / à / de

un téléphone **sans** fil
une valise **à** roulettes
un sac **de** voyage

Les couleurs

● **De quelle couleur est** ta valise ?
○ Elle est **bleue**.

Un peu de français familier

Le français familier contenu dans les unités appartient
à la langue courante, aussi bien des adolescents que
des adultes. Il est très employé dans la langue de tous
les jours. Il présente de nombreuses particularités,
lexicales, syntaxiques et phonétiques.

Voici quelques exemples.

ouais = oui
les gars = les copains
cet après-m' = cet après-midi
le boulot = le travail
la fac = la faculté, l'université
la bio = la biologie

C'est cool ! = C'est génial !
C'est trop bon ! = C'est délicieux !
C'est trop nul ! = Ce n'est vraiment pas bien !
C'est vachement original ! = C'est très original !

Tu devient **t'** devant une voyelle.

T'as raison. = Tu as raison.

Le **ne** de la négation disparaît.

● **Tu viens ou tu ∅ viens pas avec nous** ?
○ Non, j' ∅ ai pas envie d'aller à la plage.

Conjugaison

Conjugaison

Entre parenthèses, nous vous indiquons le participe passé du verbe. L'astérisque * à côté de l'infinitif indique que ce verbe se conjugue avec l'auxiliaire **ÊTRE**.

AVOIR (eu)	PRÉSENT DE L'INDICATIF		PASSÉ COMPOSÉ		IMPARFAIT	
	J'	ai	J'	ai eu	J'	avais
	Tu	as	Tu	as eu	Tu	avais
	Il/Elle/On	a	Il/Elle/On	a eu	Il/Elle/On	avait
	Nous	avons	Nous	avons eu	Nous	avions
	Vous	avez	Vous	avez eu	Vous	aviez
	Ils/Elles	ont	Ils/Elles	ont eu	Ils/Elles	avaient

ÊTRE (été)	PRÉSENT DE L'INDICATIF		PASSÉ COMPOSÉ		IMPARFAIT	
	Je	suis	J'	ai été	J'	étais
	Tu	es	Tu	as été	Tu	étais
	Il/Elle/On	est	Il/Elle/On	a été	Il/Elle/On	était
	Nous	sommes	Nous	avons été	Nous	étions
	Vous	êtes	Vous	avez été	Vous	étiez
	Ils/Elles	sont	Ils/Elles	ont été	Ils/Elles	étaient

LES VERBES EN –ER

PARLER (parlé)	PRÉSENT DE L'INDICATIF		PASSÉ COMPOSÉ		IMPARFAIT	
	Je	parle	J'	ai parlé	Je	parlais
	Tu	parles	Tu	as parlé	Tu	parlais
	Il/Elle/On	parle	Il/Elle/On	a parlé	Il/Elle/On	parlait
	Nous	parlons	Nous	avons parlé	Nous	parlions
	Vous	parlez	Vous	avez parlé	Vous	parliez
	Ils/Elles	parlent	Ils/Elles	ont parlé	Ils/Elles	parlaient

SE LAVER* (lavé)	PRÉSENT DE L'INDICATIF		PASSÉ COMPOSÉ		IMPARFAIT	
	Je	me lave	Je	me suis lavé(e)	Je	me lavais
	Tu	te laves	Tu	t'es lavé(e)	Tu	te lavais
	Il/Elle/On	se lave	Il/Elle/On	s'est lavé(e)	Il/Elle/On	se lavait
	Nous	nous lavons	Nous	nous sommes lavé(e)s	Nous	nous lavions
	Vous	vous lavez	Vous	vous êtes lavé(e)(s)	Vous	vous laviez
	Ils/Elles	se lavent	Ils/Elles	se sont lavé(e)s	Ils/Elles	se lavaient

Formes particulières

PRÉFÉRER (préféré)	PRÉSENT DE L'INDICATIF		PASSÉ COMPOSÉ		IMPARFAIT	
	Je	préfère	J'	ai préféré	Je	préférais
	Tu	préfères	Tu	as préféré	Tu	préférais
	Il/Elle/On	préfère	Il/Elle/On	a préféré	Il/Elle/On	préférait
	Nous	préférons	Nous	avons préféré	Nous	préférions
	Vous	préférez	Vous	avez préféré	Vous	préfériez
	Ils/Elles	préfèrent	Ils/Elles	ont préféré	Ils/Elles	préféraient

ACHETER (acheté)	PRÉSENT DE L'INDICATIF		PASSÉ COMPOSÉ		IMPARFAIT	
	J'	achète	J'	ai acheté	J'	achetais
	Tu	achètes	Tu	as acheté	Tu	achetais
	Il/Elle/On	achète	Il/Elle/On	a acheté	Il/Elle/On	achetait
	Nous	achetons	Nous	avons acheté	Nous	achetions
	Vous	achetez	Vous	avez acheté	Vous	achetiez
	Ils/Elles	achètent	Ils/Elles	ont acheté	Ils/Elles	achetaient

APPELER (appelé)	PRÉSENT DE L'INDICATIF		PASSÉ COMPOSÉ		IMPARFAIT	
	J'	appelle	J'	ai appelé	J'	appelais
	Tu	appelles	Tu	as appelé	Tu	appelais
	Il/Elle/On	appelle	Il/Elle/On	a appelé	Il/Elle/On	appelait
	Nous	appelons	Nous	avons appelé	Nous	appelions
	Vous	appelez	Vous	avez appelé	Vous	appeliez
	Ils/Elles	appellent	Ils/Elles	ont appelé	Ils/Elles	appelaient

FUTUR SIMPLE		CONDITIONNEL		IMPÉRATIF	
J'	aurai	J'	aurais		
Tu	auras	Tu	aurais	Aie	
Il/Elle/On	aura	Il/Elle/On	aurait		
Nous	aurons	Nous	aurions	Ayons	
Vous	aurez	Vous	auriez	Ayez	
Ils/Elles	auront	Ils/Elles	auraient		

Avoir indique la possession. C'est aussi le principal verbe auxiliaire aux temps composés (ex. j'ai parlé, j'ai été, j'ai fait...).

FUTUR SIMPLE		CONDITIONNEL		IMPÉRATIF	
Je	serai	Je	serais		
Tu	seras	Tu	serais	sois	
Il/Elle/On	sera	Il/Elle/On	serait		
Nous	serons	Nous	serions	soyons	
Vous	serez	Vous	seriez	soyez	
Ils/Elles	seront	Ils/Elles	seraient		

Être est aussi un verbe auxiliaire aux temps composés avec tous les verbes pronominaux (ex. : se lever, se taire, etc.) et certains autres verbes (ex. venir, arriver, partir, etc.).

FUTUR SIMPLE		CONDITIONNEL		IMPÉRATIF	
Je	parlerai	Je	parlerais		
Tu	parleras	Tu	parlerais	Parle	
Il/Elle/On	parlera	Il/Elle/On	parlerait		
Nous	parlerons	Nous	parlerions	Parlons	
Vous	parlerez	Vous	parleriez	Parlez	
Ils/Elles	parleront	Ils/Elles	parleraient		

Les trois personnes du singulier et la 3e personne du pluriel se prononcent [paʀl] au présent de l'indicatif et [paʀlɛ] à l'imparfait. Cette règle s'applique à tous les verbes en *-ER*.

FUTUR SIMPLE		CONDITIONNEL		IMPÉRATIF	
Je	me laverai	Je	me laverais		
Tu	te laveras	Tu	te laverais	Lave-toi	
Il/Elle/On	se lavera	Il/Elle/On	se laverait		
Nous	nous laverons	Nous	nous laverions	Lavons-nous	
Vous	vous laverez	Vous	vous laveriez	Lavez-vous	
Ils/Elles	se laveront	Ils/Elles	se laveraient		

En général, on doit faire l'accord entre le sujet et le participe passé aux temps composés quand le verbe est pronominal ou réfléchi : elle s'est levé**e** tard, nous nous sommes perdu**s**.

FUTUR SIMPLE		CONDITIONNEL		IMPÉRATIF	
Je	préférerai	Je	préférerais		
Tu	préféreras	Tu	préférerais	Préfère	
Il/Elle/On	préférera	Il/Elle/On	préférerait		
Nous	préférerons	Nous	préférerions	Préférons	
Vous	préférerez	Vous	préféreriez	Préférez	
Ils/Elles	préféreront	Ils/Elles	préféreraient		

FUTUR SIMPLE		CONDITIONNEL		IMPÉRATIF	
J'	achèterai	J'	achèterais		
Tu	achèteras	Tu	achèterais	Achète	
Il/Elle/On	achètera	Il/Elle/On	achèterait		
Nous	achèterons	Nous	achèterions	Achetons	
Vous	achèterez	Vous	achèteriez	Achetez	
Ils/Elles	achèteront	Ils/Elles	achèteraient		

FUTUR SIMPLE		CONDITIONNEL		IMPÉRATIF	
J'	appellerai	J'	appellerais		
Tu	appelleras	Tu	appellerais	Appelle	
Il/Elle/On	appellera	Il/Elle/On	appellerait		
Nous	appellerons	Nous	appellerions	Appelons	
Vous	appellerez	Vous	appelleriez	Appelez	
Ils/Elles	appelleront	Ils/Elles	appelleraient		

Conjugaison

COMMENCER (commencé)	PRÉSENT DE L'INDICATIF		PASSÉ COMPOSÉ		IMPARFAIT	
	Je	commence	J'	ai commencé	J'	commençais
	Tu	commences	Tu	as commencé	Tu	commençais
	Il/Elle/On	commence	Il/Elle/On	a commencé	Il/Elle/On	commençait
	Nous	commençons	Nous	avons commencé	Nous	commencions
	Vous	commencez	Vous	avez commencé	Vous	commenciez
	Ils/Elles	commencent	Ils/Elles	ont commencé	Ils/Elles	commençaient

MANGER (mangé)	PRÉSENT DE L'INDICATIF		PASSÉ COMPOSÉ		IMPARFAIT	
	Je	mange	J'	ai mangé	Je	mangeais
	Tu	manges	Tu	as mangé	Tu	mangeais
	Il/Elle/On	mange	Il/Elle/On	a mangé	Il/Elle/On	mangeait
	Nous	mangeons	Nous	avons mangé	Nous	mangions
	Vous	mangez	Vous	avez mangé	Vous	mangiez
	Ils/Elles	mangent	Ils/Elles	ont mangé	Ils/Elles	mangeaient

PAYER (payé)	PRÉSENT DE L'INDICATIF		PASSÉ COMPOSÉ		IMPARFAIT	
	Je	paie	J'	ai payé	Je	payais
	Tu	paies	Tu	as payé	Tu	payais
	Il/Elle/On	paie	Il/Elle/On	a payé	Il/Elle/On	payait
	Nous	payons	Nous	avons payé	Nous	payions
	Vous	payez	Vous	avez payé	Vous	payiez
	Ils/Elles	paient	Ils/Elles	ont payé	Ils/Elles	payaient

ALLER* (allé)	PRÉSENT DE L'INDICATIF		PASSÉ COMPOSÉ		IMPARFAIT	
	Je	vais	Je	suis allé(e)	J'	allais
	Tu	vas	Tu	es allé(e)	Tu	allais
	Il/Elle/On	va	Il/Elle/On	est allé(e)	Il/Elle/On	allait
	Nous	allons	Nous	nous sommes allé(e)s	Nous	allions
	Vous	allez	Vous	êtes allé(e)(s)	Vous	alliez
	Ils/Elles	vont	Ils/Elles	sont allé(e)s	Ils/Elles	allaient

AUTRES VERBES

Ces autres verbes n'ont pas été rassemblés en 2e et 3e groupes mais par famille de conjugaison en fonction des bases phonétiques.

1 base

OFFRIR (offert)	PRÉSENT DE L'INDICATIF		PASSÉ COMPOSÉ		IMPARFAIT	
	J'	offre	J'	ai offert	J'	offrais
	Tu	offres	Tu	as offert	Tu	offrais
	Il/Elle/On	offre	Il/Elle/On	a offert	Il/Elle/On	offrait
	Nous	offrons	Nous	avons offert	Nous	offrions
	Vous	offrez	Vous	avez offert	Vous	offriez
	Ils/Elles	offrent	Ils/Elles	ont offert	Ils/Elles	offraient

2 bases

CROIRE (cru)	PRÉSENT DE L'INDICATIF		PASSÉ COMPOSÉ		IMPARFAIT	
	Je	crois	J'	ai cru	Je	croyais
	Tu	crois	Tu	as cru	Tu	croyais
	Il/Elle/On	croit	Il/Elle/On	a cru	Il/Elle/On	croyait
	Nous	croyons	Nous	nous cru	Nous	croyions
	Vous	croyez	Vous	avez cru	Vous	croyiez
	Ils/Elles	croient	Ils/Elles	ont cru	Ils/Elles	croyaient

VOIR (vu)	PRÉSENT DE L'INDICATIF		PASSÉ COMPOSÉ		IMPARFAIT	
	Je	vois	J'	ai vu	Je	voyais
	Tu	vois	Tu	as vu	Tu	voyais
	Il/Elle/On	voit	Il/Elle/On	a vu	Il/Elle/On	voyait
	Nous	voyons	Nous	avons vu	Nous	voyions
	Vous	voyez	Vous	avez vu	Vous	voyiez
	Ils/Elles	voient	Ils/Elles	ont vu	Ils/Elles	voyaient

FUTUR SIMPLE		CONDITIONNEL		IMPÉRATIF	
Je	commencerai	Je	commencerais		
Tu	commenceras	Tu	commencerais	Commence	
Il/Elle/On	commencera	Il/Elle/On	commencerait		
Nous	commencerons	Nous	commencerions		
Vous	commencerez	Vous	commenceriez	Commençons	
Ils/Elles	commenceront	Ils/Elles	commenceraient	Commencez	

*Le **c** de tous les verbes en **-cer** devient **ç** devant **a** et **o**.pour mantenir la prononciation [s].*

FUTUR SIMPLE		CONDITIONNEL		IMPÉRATIF	
Je	mangerai	Je	mangerais		
Tu	mangeras	Tu	mangerais	Mange	
Il/Elle/On	mangera	Il/Elle/On	mangerait		
Nous	mangerons	Nous	mangerions		
Vous	mangerez	Vous	mangeriez	Mangeons	
Ils/Elles	mangeront	Ils/Elles	mangeraient	Mangez	

*Devant **a** et **o**, on place un e pour maintenir la prononciation [ʒ] dans tous les verbes en **-ger**.*

FUTUR SIMPLE		CONDITIONNEL		IMPÉRATIF	
Je	paierai	Je	paierais		
Tu	paieras	Tu	paierais	Paie	
Il/Elle/On	paiera	Il/Elle/On	paierait		
Nous	paierons	Nous	paierions		
Vous	paierez	Vous	paieriez	Payons	
Ils/Elles	paieront	Ils/Elles	paieraient	Payez	

*Variantes :
- au présent de l'indicatif : **je paye**, **tu payes**, **il paye**, **ils payent**.
- à l'impératif : **paye**.
- au futur simple : **je payerai**, **tu payeras**, **il payera**, **ils payeront**.*

FUTUR SIMPLE		CONDITIONNEL		IMPÉRATIF	
J'	irai	J'	irais		
Tu	iras	Tu	irais	Va	
Il/Elle/On	ira	Il/Elle/On	irait		
Nous	irons	Nous	irions		
Vous	irez	Vous	iriez	Allons	
Ils/Elles	iront	Ils/Elles	iraient	Allez	

FUTUR SIMPLE		CONDITIONNEL		IMPÉRATIF	
J'	offrirai	J'	offrirais		
Tu	offriras	Tu	offrirais	Offre	
Il/Elle/On	offrira	Il/Elle/On	offrirait		
Nous	offrirons	Nous	offririons		
Vous	offrirez	Vous	offririez	Offrons	
Ils/Elles	offriront	Ils/Elles	offriraient	Offrez	

*Les verbes **couvrir**, **découvrir**, **ouvrir**... se conjuguent sur ce modèle.*

FUTUR SIMPLE		CONDITIONNEL		IMPÉRATIF	
Je	croirai	Je	croirais		
Tu	croiras	Tu	croirais	Crois	
Il/Elle/On	croira	Il/Elle/On	croirait		
Nous	croirons	Nous	croirions		
Vous	croirez	Vous	croiriez	Croyons	
Ils/Elles	croiront	Ils/Elles	croiraient	Croyez	

FUTUR SIMPLE		CONDITIONNEL		IMPÉRATIF	
Je	verrai	Je	verrais		
Tu	verras	Tu	verrais	Vois	
Il/Elle/On	verra	Il/Elle/On	verrait		
Nous	verrons	Nous	verrions		
Vous	verrez	Vous	verriez	Voyons	
Ils/Elles	verront	Ils/Elles	verraient	Voyez	

Conjugaison

CHOISIR (choisi)	PRÉSENT DE L'INDICATIF		PASSÉ COMPOSÉ		IMPARFAIT	
	Je	choisis	J'	ai choisi	Je	choisissais
	Tu	choisis	Tu	as choisi	Tu	choisissais
	Il/Elle/On	choisit	Il/Elle/On	a choisi	Il/Elle/On	choisissait
	Nous	choisissons	Nous	avons choisi	Nous	choisissions
	Vous	choisissez	Vous	avez choisi	Vous	choisissiez
	Ils/Elles	choisissent	Ils/Elles	ont choisi	Ils/Elles	choisissaient

CONNAÎTRE (connu)	PRÉSENT DE L'INDICATIF		PASSÉ COMPOSÉ		IMPARFAIT	
	Je	connais	J'	ai connu	Je	connaissais
	Tu	connais	Tu	as connu	Tu	connaissais
	Il/Elle/On	connaît	Il/Elle/On	a connu	Il/Elle/On	connaissait
	Nous	connaissons	Nous	avons connu	Nous	connaissions
	Vous	connaissez	Vous	avez connu	Vous	connaissiez
	Ils/Elles	connaissent	Ils/Elles	ont connu	Ils/Elles	connaissaient

DIRE (dit)	PRÉSENT DE L'INDICATIF		PASSÉ COMPOSÉ		IMPARFAIT	
	Je	dis	J'	ai dit	Je	disais
	Tu	dis	Tu	as dit	Tu	disais
	Il/Elle/On	dit	Il/Elle/On	a dit	Il/Elle/On	disait
	Nous	disons	Nous	avons dit	Nous	disions
	Vous	dites	Vous	avez dit	Vous	disiez
	Ils/Elles	disent	Ils/Elles	ont dit	Ils/Elles	disaient

ÉCRIRE (écrit)	PRÉSENT DE L'INDICATIF		PASSÉ COMPOSÉ		IMPARFAIT	
	J'	écris	J'	ai écrit	J'	écrivais
	Tu	écris	Tu	as écrit	Tu	écrivais
	Il/Elle/On	écrit	Il/Elle/On	a écrit	Il/Elle/On	écrivait
	Nous	écrivons	Nous	avons écrit	Nous	écrivions
	Vous	écrivez	Vous	avez écrit	Vous	écriviez
	Ils/Elles	écrivent	Ils/Elles	ont écrit	Ils/Elles	écrivaient

FAIRE (fait)	PRÉSENT DE L'INDICATIF		PASSÉ COMPOSÉ		IMPARFAIT	
	Je	fais	J'	ai fait	Je	faisais
	Tu	fais	Tu	as fait	Tu	faisais
	Il/Elle/On	fait	Il/Elle/On	a fait	Il/Elle/On	faisait
	Nous	faisons	Nous	avons fait	Nous	faisions
	Vous	faites	Vous	avez fait	Vous	faisiez
	Ils/Elles	font	Ils/Elles	ont fait	Ils/Elles	faisaient

LIRE (lu)	PRÉSENT DE L'INDICATIF		PASSÉ COMPOSÉ		IMPARFAIT	
	Je	lis	J'	ai lu	Je	lisais
	Tu	lis	Tu	as lu	Tu	lisais
	Il/Elle/On	lit	Il/Elle/On	a lu	Il/Elle/On	lisait
	Nous	lisons	Nous	avons lu	Nous	lisions
	Vous	lisez	Vous	avez lu	Vous	lisiez
	Ils/Elles	lisent	Ils/Elles	ont lu	Ils/Elles	lisaient

PARTIR* (parti)	PRÉSENT DE L'INDICATIF		PASSÉ COMPOSÉ		IMPARFAIT	
	Je	pars	Je	suis parti(e)	Je	partais
	Tu	pars	Tu	es parti(e)	Tu	partais
	Il/Elle/On	part	Il/Elle/On	est parti(e)	Il/Elle/On	partait
	Nous	partons	Nous	sommes parti(e)s	Nous	partions
	Vous	partez	Vous	êtes parti(e)(s)	Vous	partiez
	Ils/Elles	partent	Ils/Elles	sont parti(e)s	Ils/Elles	partaient

PERDRE (perdu)	PRÉSENT DE L'INDICATIF		PASSÉ COMPOSÉ		IMPARFAIT	
	Je	perds	J'	ai perdu	Je	perdais
	Tu	perds	Tu	as perdu	Tu	perdais
	Il/Elle/On	perd	Il/Elle/On	a perdu	Il/Elle/On	perdait
	Nous	perdons	Nous	avons perdu	Nous	perdions
	Vous	perdez	Vous	avez perdu	Vous	perdiez
	Ils/Elles	perdent	Ils/Elles	ont perdu	Ils/Elles	perdaient

FUTUR SIMPLE		CONDITIONNEL		IMPÉRATIF	
Je	choisirai	Je	choisirais		Les verbes **finir**, **grandir**, **maigrir**... se conjuguent sur ce modèle.
Tu	choisiras	Tu	choisirais	Choisis	
Il/Elle/On	choisira	Il/Elle/On	choisirait		
Nous	choisirons	Nous	choisirions	Choisissons	
Vous	choisirez	Vous	choisiriez	Choisissez	
Ils/Elles	choisiront	Ils/Elles	choisiraient		

FUTUR SIMPLE		CONDITIONNEL		IMPÉRATIF	
Je	connaîtrai	Je	connaîtrais		Tous les verbes en **-aître** se conjuguent sur ce modèle.
Tu	connaîtras	Tu	connaîtrais	Connais	
Il/Elle/On	connaîtra	Il/Elle/On	connaîtrait		
Nous	connaîtrons	Nous	connaîtrions	Connaissons	
Vous	connaîtrez	Vous	connaîtriez	Connaisez	
Ils/Elles	connaîtront	Ils/Elles	connaîtraient		

FUTUR SIMPLE		CONDITIONNEL		IMPÉRATIF	
Je	dirai	Je	dirais		
Tu	diras	Tu	dirais	Dis	
Il/Elle/On	dira	Il/Elle/On	dirait		
Nous	dirons	Nous	dirions	Disons	
Vous	direz	Vous	diriez	Dites	
Ils/Elles	diront	Ils/Elles	diraient		

FUTUR SIMPLE		CONDITIONNEL		IMPÉRATIF	
J'	écrirai	J'	écrirais		
Tu	écriras	Tu	écrirais	Écris	
Il/Elle/On	écrira	Il/Elle/On	écrirait		
Nous	écrirons	Nous	écririons	Écrivons	
Vous	écrirez	Vous	écririez	Écrivez	
Ils/Elles	écriront	Ils/Elles	écriraient		

FUTUR SIMPLE		CONDITIONNEL		IMPÉRATIF	
Je	ferai	Je	ferais		La forme **-ai** dans **nous faisons**, ainsi qu'à toutes les personnes de l'imparfait e se prononcent [ə].
Tu	feras	Tu	ferais	Fais	
Il/Elle/On	fera	Il/Elle/On	ferait		
Nous	ferons	Nous	ferions	Faisons	
Vous	ferez	Vous	feriez	Faites	
Ils/Elles	feront	Ils/Elles	feraient		

FUTUR SIMPLE		CONDITIONNEL		IMPÉRATIF	
Je	lirai	Je	lirais		
Tu	liras	Tu	lirais	Lis	
Il/Elle/On	lira	Il/Elle/On	lirait		
Nous	lirons	Nous	lirions	Lisons	
Vous	lirez	Vous	liriez	Lisez	
Ils/Elles	liront	Ils/Elles	liraient		

FUTUR SIMPLE		CONDITIONNEL		IMPÉRATIF	
Je	partirai	Je	partirais		Le verbe **sortir*** se conjugue sur ce modèle. Aux temps composés, **sortir** se conjugue avec **être** : je suis sortie. **Attention ! sortir + COD = j'ai sorti** mon livre de mon sac à dos.
Tu	partiras	Tu	partirais	Pars	
Il/Elle/On	partira	Il/Elle/On	partirait		
Nous	partirons	Nous	partirions	Partons	
Vous	partirez	Vous	partiriez	Partez	
Ils/Elles	partiront	Ils/Elles	partiraient		

FUTUR SIMPLE		CONDITIONNEL		IMPÉRATIF	
Je	perdrai	Je	perdrais		
Tu	perdras	Tu	perdrais	Perds	
Il/Elle/On	perdra	Il/Elle/On	perdrait		
Nous	perdrons	Nous	perdrions	Perdons	
Vous	perdrez	Vous	perdriez	Perdez	
Ils/Elles	perdront	Ils/Elles	perdraient		

Conjugaison

SAVOIR	PRÉSENT DE L'INDICATIF		PASSÉ COMPOSÉ		IMPARFAIT	
(su)	Je	sais	J'	ai su	Je	savais
	Tu	sais	Tu	as su	Tu	savais
	Il/Elle/On	sait	Il/Elle/On	a su	Il/Elle/On	savait
	Nous	savons	Nous	avons su	Nous	savions
	Vous	savez	Vous	avez su	Vous	saviez
	Ils/Elles	savent	Ils/Elles	ont su	Ils/Elles	savaient

3 bases

BOIRE	PRÉSENT DE L'INDICATIF		PASSÉ COMPOSÉ		IMPARFAIT	
(bu)	Je	bois	J'	ai bu	Je	buvais
	Tu	bois	Tu	as bu	Tu	buvais
	Il/Elle/On	boit	Il/Elle/On	a bu	Il/Elle/On	buvait
	Nous	buvons	Nous	avons bu	Nous	buvions
	Vous	buvez	Vous	avez bu	Vous	buviez
	Ils/Elles	boivent	Ils/Elles	ont bu	Ils/Elles	buvaient

DEVOIR	PRÉSENT DE L'INDICATIF		PASSÉ COMPOSÉ		IMPARFAIT	
(dû)	Je	dois	J'	ai dû	Je	devais
	Tu	dois	Tu	as dû	Tu	devais
	Il/Elle/On	doit	Il/Elle/On	a dû	Il/Elle/On	devait
	Nous	devons	Nous	avons dû	Nous	devions
	Vous	devez	Vous	avez dû	Vous	deviez
	Ils/Elles	doivent	Ils/Elles	ont dû	Ils/Elles	devaient

POUVOIR	PRÉSENT DE L'INDICATIF		PASSÉ COMPOSÉ		IMPARFAIT	
(pu)	Je	peux	J'	ai pu	Je	pouvais
	Tu	peux	Tu	as pu	Tu	pouvais
	Il/Elle/On	peut	Il/Elle/On	a pu	Il/Elle/On	pouvait
	Nous	pouvons	Nous	avons pu	Nous	pouvions
	Vous	pouvez	Vous	avez pu	Vous	pouviez
	Ils/Elles	peuvent	Ils/Elles	ont pu	Ils/Elles	pouvaient

VENIR*	PRÉSENT DE L'INDICATIF		PASSÉ COMPOSÉ		IMPARFAIT	
(venu)	Je	viens	Je	suis venu(e)	Je	venais
	Tu	viens	Tu	es venu(e)	Tu	venais
	Il/Elle/On	vient	Il/Elle/On	est venu(e)	Il/Elle/On	venait
	Nous	venons	Nous	sommes venu(e)s	Nous	venions
	Vous	venez	Vous	êtes venu(e)(s)	Vous	veniez
	Ils/Elles	viennent	Ils/Elles	sont venu(e)s	Ils/Elles	venaient

VOULOIR	PRÉSENT DE L'INDICATIF		PASSÉ COMPOSÉ		IMPARFAIT	
(voulu)	Je	veux	J'	ai voulu	Je	voulais
	Tu	veux	Tu	as voulu	Tu	voulais
	Il/Elle/On	veut	Il/Elle/On	a voulu	Il/Elle/On	voulait
	Nous	voulons	Nous	avons voulu	Nous	voulions
	Vous	voulez	Vous	avez voulu	Vous	vouliez
	Ils/Elles	veulent	Ils/Elles	ont voulu	Ils/Elles	voulaient

FUTUR SIMPLE		CONDITIONNEL		IMPÉRATIF
Je	saurai	Je	saurais	
Tu	sauras	Tu	saurais	Sache
Il/Elle/On	saura	Il/Elle/On	saurait	
Nous	saurons	Nous	saurions	Sachons
Vous	saurez	Vous	sauriez	Sachez
Ils/Elles	sauront	Ils/Elles	sauraient	

FUTUR SIMPLE		CONDITIONNEL		IMPÉRATIF
J'	boirai	J'	boirais	
Tu	boiras	Tu	boirais	Bois
Il/Elle/On	boira	Il/Elle/On	boirait	
Nous	boirons	Nous	boirions	Buvons
Vous	boirez	Vous	boiriez	Buvez
Ils/Elles	boiront	Ils/Elles	boiraient	

FUTUR SIMPLE		CONDITIONNEL		IMPÉRATIF	
Je	devrai	Je	devrais		*L'impératif de **devoir** est inusité.*
Tu	devras	Tu	devrais	-	
Il/Elle/On	devra	Il/Elle/On	devrait		
Nous	devrons	Nous	devrions	-	
Vous	devrez	Vous	devriez	-	
Ils/Elles	devront	Ils/Elles	devraient		

FUTUR SIMPLE		CONDITIONNEL		IMPÉRATIF	
Je	pourrai	Je	pourrais		***Pouvoir** n'a pas d'impératif.*
Tu	pourras	Tu	pourrais	-	
Il/Elle/On	pourra	Il/Elle/On	pourrait		
Nous	pourrons	Nous	pourrions	-	
Vous	pourrez	Vous	pourriez	-	
Ils/Elles	pourront	Ils/Elles	pourriont		

FUTUR SIMPLE		CONDITIONNEL		IMPÉRATIF
Je	viendrai	Je	viendrais	
Tu	viendras	Tu	viendrais	Viens
Il/Elle/On	viendra	Il/Elle/On	viendrait	
Nous	viendrons	Nous	viendrions	Venons
Vous	viendrez	Vous	viendriez	Venez
Ils/Elles	viendront	Ils/Elles	viendraient	

FUTUR SIMPLE		CONDITIONNEL		IMPÉRATIF	
Je	voudrai	Je	voudrais		*Les formes à l'impératif sont peu usitées. On les trouve souvent dans des expressions : **Veuillez** trouver ci-joint (dans une lettre ou un courriel).*
Tu	voudras	Tu	voudrais	Veuilles	
Il/Elle/On	voudra	Il/Elle/On	voudrait		
Nous	voudrons	Nous	voudrions	-	
Vous	voudrez	Vous	voudriez	Veuillez	
Ils/Elles	voudront	Ils/Elles	voudraient		

Transcription des enregistrements

UNITÉ 1

Piste 1 – Activité 2 B1
Frank - Allô ? C'est Franck. Je t'appelle de l'aéroport.
Mère - Tu vas bien, mon grand ?
Frank - Oui, super ! C'est passé vraiment trop vite !
Mère - Tu as bien parlé anglais ?
Frank - Ouh la ! Tous les jours ! Tu verras mes progrès ! Je suis vraiment content.
Mère - Et Monsieur et Madame Brown ont été gentils avec toi ?
Frank - Ouais ! super sympa et j'ai passé tout mon temps avec Mike, le fils aîné qui a mon âge. Tu sais quoi ? J'ai eu juste un petit problème - le premier jour, j'ai perdu mon portefeuille à la gare, mais un policier m'a aidé !
Mère - Ben dis donc, heureusement ! Tu nous raconteras tout ça demain. J'irai te chercher à l'aéroport. Bon voyage, Frankie. Sois prudent !
Frank - ok, Maman. T'inquiète pas ! À demain !

Piste 2 – Activité 2 B2
Pierre et Julie - Coucou !
Homme - Qui est-ce ?
Pierre et Julie - C'est nous, Pierre et Julie.
Homme - Hein, comment allez-vous ?
Pierre - Super ! On a fait des trucs incroyables - de l'escalade, des promenades à cheval, du rafting.
Homme - Vous êtes en forme ?
Pierre - Euh, on est un peu fatigués mais tout le monde est très content. Ces paysages sont magnifiques et dormir sous la tente, c'est génial !
Homme - Pas de problème ?
Julie - Non, non ! J'ai juste eu un petit accident de cheval.
Homme - Comment ça ? Un accident ? Tu es tombée ? Qu'est ce qui s'est passé ?
Julie - Non, je n'ai rien de grave ! J'ai juste mal aux jambes, c'est tout, mais j'ai adoré l'expérience.
Homme - Ah, tu me rassures, là.

Piste 3 – Activité 2 B3
Raphaël - Bonjour Josiane !
Grand-mère - Raphael ! Quel plaisir de t'entendre ! Comment se passent vos vacances en Corse?
Raphaël - Très très bien. On profite des plages paradisiaques et l'hôtel est magnifique.
Grand-mère - Sarah et les petits vont bien ?
Raphaël - Oui ! Tu imagines - ils sont toute la journée dans l'eau !
Grand-mère - Oh, j'ai vraiment envie de retrouver les p'tits et de voir les photos !
Raphaël - Euh...Mamie...
Grand-mère - Oui, Raphaël ?
Raphaël - il y a un p'tit problème d'avion.
Grand-mère - Ah bon ?
Raphaël - Oui, le vol est annulé. On ne part pas demain mais dans 5 jours !
Grand-mère - Oh! Bon, ben... Profitez-en bien. Téléphone-moi s'il y a encore des changements !
Raphaël - d'accord
Grand-mère - À très bientôt, Raphaël !
Raphaël - Je t'embrasse, Mamie

Piste 4 – Activité 4 C
Achille - Salut Diane!
Diane - Salut Achille, ça va ?
Achille - Ouais ouais... tranquille, ça va. Je suis pas parti ces vacances mais j'aimerais bien partir d'ici quelques jours...
Diane - Ben moi, c'est la même chose - juillet- août à la maison avec ma sœur ! Super !
Achille - On pourrait organiser trois quatre jours à Paris, avant la rentrée, non ? T'imagines, si on partait avec Pauline, Anthony, Martin, toi et moi en train ?
Diane - Ouais ! Ça serait trop cool. On se promènerait sur les Champs Elysées, on pourrait aller en bateau- mouche sur la Seine...
Achille - Oh la la ! Ça, c'est pour les touristes !
Diane - Allez, les Champs Elysées c'est super joli !
Achille - Bon, d'accord pour les Champs - Élysées. Moi, je voudrais aller à la Foire du Trône, il paraît que c'est géant !
Diane - Ok, mais alors après on pourrait aller écouter un concert sympa, pas trop cher, j'sais pas...Puis une sortie au Château de Versailles aussi pour voir...
Achille - Bon, on va parler de notre idée aux autres et on organise ça... peut-être pas avant la rentrée, mais pour les vacances de la Toussaint, qu'est ce que tu en penses ?
Diane - Ouais, t'as raison, il faut le temps de tout organiser, parler avec nos parents et tout ça... j'ai trop envie

Piste 5 – Activité 5 B
Samira - Salut Muriel ! C'est Samira. J'ai besoin d'un petit conseil pour le voyage en Espagne avec la classe.
Muriel - Pas de problème. Qu'est-ce que tu veux savoir ?
Samira - Toi, t'es partie l'année dernière, à Barcelone avec les profs d'espagnol et d'histoire -géo.
Muriel - Oui, c'était génial ! On a fait plein de choses et on a dormi dans une auberge de jeunesse, c'était vraiment sympa. Le dernier soir, ils ont même organisé une fête avec de la musique et de la danse...
Samira - Je suis en train de préparer ma valise et je ne sais pas ce que je vais emporter. Qu'est-ce que tu me conseilles ?
Muriel - À mon avis, tu dois prendre ton maillot de bain. En mai, il fera peut-être assez chaud pour que tu te baignes.
Samira - Tu crois ? Ce serait génial !
Muriel - Après, prends quand même un petit pull, pas trop gros, pour le soir.
Et des t-shirts et des vêtements confortables...
Samira - Ouais, je pense qu'on va marcher toute la journée pour visiter le maximum de choses. J'emporte les baskets, c'est sûr...
Muriel - Oui, c'est sûr, mais... je sais pas..., peut-être un jeans au moins, tu vois ? Et il vaut mieux que tu prévois un parapluie aussi. C'est l'Espagne, mais bon, en mai, nous, on avait quand même eu deux jours de pluie non-stop.
Samira - ok. Bon, je vais commencer à tout préparer. Je suis un peu maniaque et je recommence toujours dix fois mes bagages quand je pars en voyage!
Muriel - Ah ha ! Calme-toi ! C'est pour une semaine, c'est tout ! Ah oui ! N'oublie pas une petite robe sympa pour la fête la dernière soirée !
Samira - Une fête ? Tu rigoles ? Trop cool ! Bon, merci pour tes conseils. À demain au lycée
Muriel - Tchao, Samira

Piste 6 – Activité 6 B

Ingrid - Allô Camille, c'est Ingrid, du forum sur les voyages, tu sais ?

Camille - Oui, salut , ça va ? Alors, tu voulais des infos sur Interrail, je crois ?

Ingrid - Oui, je voulais que tu me racontes un peu comment ça s'est passé pour toi et comment tu avais organisé ton voyage. Enfin, des infos et des conseils...

Camille - Bon, et ben moi j'ai fait le circuit Europe du Sud - Grèce, Italie, Espagne, Portugal pendant 3 semaines.

Ingrid - Trois semaines ! Et toute seule ?

Camille - Non ! Je suis partie avec deux amis.

Ingrid - Comment vous avez préparé le voyage ?

Camille - Longtemps à l'avance ! en lisant des guides touristiques, des forums sur Internet, mes parents connaissaient la Grèce, alors ils m'ont dit les endroits importants à voir...

Ingrid - Et le billet de train pour ce circuit, c'était combien ?

Camille - Ben , environ 300€ pour 3 trois semaines. Ça, c'est juste pour les voyages en train. Après, tu dois ajouter les nuits dans des auberges de jeunesse. Tu trouves toutes les adresses sur le site d'Interrail.

Ingrid - Les auberges de jeunesse, c'est le mieux ?

Camille - Moi, je te conseille deux choses - d'abord, de bien choisir les pays et les villes que tu veux visiter, ensuite de calculer ton budget pour l'hébergement. Les auberges de jeunesse, c'est pas cher et c'est vraiment bien pour rencontrer d'autres jeunes qui voyagent aussi comme ça.

Ingrid - Ah ouais ! C'est sympa ! Tu peux même faire une partie du voyage avec d'autres personnes !

Camille - En fait, nous on a rencontré des Canadiens, c'était super ! Ils visitaient l'Europe et on a passé trois jours avec eux. Voilà, je ne sais pas si tu veux savoir autre chose... Ah si !!! Je te conseille de faire des photocopies de ton passeport ou de tes papiers d'identité si tu les perds !

Ingrid - Merci pour les infos, je crois que ça ira.

Camille - En tout cas, hésite pas ! Je suis souvent connectée, alors si tu veux encore de l'aide, il y a pas de problèmes.

Ingrid - Ciao

Camille - Salut !

Piste 7 – Activité 8.0

● Alors, quel programme tu préfères?

○ Ben aucun! Je les trouve tous trop touristques. C'est vraiment pas mon style de vacances.

Piste 8 – Activité 8.1

● Le vol n° 114 à destination d'Ajaccio est annulé pour des raisons techniques.

○ Oh non! C'est pas vrai! On va encore perdre deux jours de plage !! !

Piste 9 – Activité 8.2

● Alors, tu prépares ta valise?

○ Ah je suis tellement nerveuse! Ça va être super! On m'a dit que j'allais visiter tous les villages, les musées, marcher dans le désert, rencontrer des gens, faire une balade à chameau, me promener dans les marchés...

Piste 10 – Activité 8.3

● Ah desolé Martine. Je t'ai rien ramené cette fois-ci.

○ Ah bon? Même pas un petit souvenir de Rome?

Piste 11 – Activité 8.4

Allez, il ne reste que 200 m pour le sommet du Mont Blanc. On peut le faire les gars!

Piste 12 – Activité 8.5

● Et tu veux proposer à Alex de venir avec nous?

○ Ben oui! Tu vas voir- il aura plein d'idées pour le voyage, on va s'é-cla-ter!

Piste 13 – Activité 8.6

● Alors, vous aimez votre chalet de vacances?

○ Ouais, bof, c'est pas génial- la vue n'est pas fantastique et la salle de bain est minuscule pour six personnes. Sur le catalogue, on avait une meilleure impression.

Piste 14 – Activité 8.7

● Allez Enzo, tu vas voir ce voyage à travers l'Europe ça va être de super vacances. On travaille pour mettre de l'argent de côté, on a de bonnes notes aux examens, et on s'en souviendra toute notre vie !

○ Ouais, tu as raison ça va être trop cool! C'est bon! On va organiser tout ça! Je commence déjà à chercher des infos, ok?

Piste 15 – Portfolio
La France au fil de l'eau

Bienvenus à bord de notre bateau - mouche Le Concorde.
Quoi de mieux que de suivre la Seine, qui traverse la ville d'est en ouest pour découvrir ses merveilleux monuments. Installez vous.
Nous allons commencer notre visite.
Vous avez à votre droite la Bibliothèque nationale de France, avec ses immenses tours en forme de livre ouvert.

Voici l'île Saint Louis - ce quartier est célèbre pour ses petites rues piétonnes, ses grands hôtels particuliers. On peut s'y promener calmement, admirer les petits magasins, manger une glace Berthillon, se promener sur les quais.

Nous nous arrêtons quelques instants devant l'île de la Cité où trône la célèbre Cathédrale Notre Dame. Vous pouvez admirer une des plus grandes cathédrales néogothiques du monde avec ses célèbres gargouilles.

Vous découvrirez maintenant le Musée du Louvre, le musée le plus visité au monde, qui offre aux visiteurs des collections de différentes civilisations allant de l'Antiquité à 1830. La Joconde et la Vénus de Milo sont quelques-unes des œuvres les plus connues.

Nous continuons notre visite avec la Tour Eiffel - 324 mètres de hauteur, construite en 1889, point de référence parisien, elle s'allume le soir et scintille toutes les heures. Si vous le souhaitez, vous pouvez....

Piste 16 – MATÉO ET ÉMILIE
L'important, c'est de participer

Émilie – Vous avez vu ? La mairie organise une journée pour l'environnement à la fin du mois.

Mère d'Émilie – Ah bon ! Et pourquoi tu es si contente ?

Émilie – Y' a une course de VTT, le samedi matin, dans la forêt de Bacadi, c'est trop cool ! Je vais la faire !

Père d'Émilie – Attends une minute ! Comment ça, une course de VTT ?

Mère d'Émilie – Enfin Émilie ! Tu n'as pas le niveau pour faire une course !

Matéo – Coucou tout le monde ! Ça va ? Woua ! Émilie, t'as le look des vacances !

Émilie – Ouais ! J'en avais marre de mes cheveux longs dans tous les sens.

Matéo – Ben, ça te va bien ! De quoi vous parlez ?

Père d'Émilie – Émilie veut faire une course de VTT ! C'est dangereux, non ?

Matéo – Mais non, c'est une bonne idée ! Et elle a un mois pour s'entraîner !

Mère d'Émilie – Je ne sais vraiment pas !

Matéo – Allez ! Émilie peut y arriver. Je vais l'aider à s'entraîner !

Émilie – Et si c'est trop difficile, je ne termine pas la course. L'important, c'est de participer, non ?

Mère d'Émilie – Bon d'accord... Je ne sais pas vraiment... on peut au moins te laisser essayer ! Vas-y, inscris-toi !

Père d'Émilie – Mais fais attention, ma grande !

UNITÉ 2

Piste 17 – Activité 1 A1

Élève 1 - Regarde la tête de Loïc ! Ah ! Il est vraiment en colère. Il est tout rouge. On dirait qu'il va exploser !

Élève 2 - Ça ne m'étonne pas. Il s'énerve toujours très vite - en cours, à la cantine, avec ses frères...Il est un peu agressif, je trouve, comme garçon. Je ne sais pas pourquoi, mais il ne parle pas, il crie. D'ailleurs, je crois que ses copains ont du mal à supporter son mauvais caractère.

Piste 18 – Activité 1 A2

Élève 1 - Ah la la ! Clara est toujours dans la lune. Elle ne voit pas que la prof arrive. Elle est là, toute calme !

Élève 2 - C'est vrai qu'elle est toujours calme et de bonne humeur. Je ne l'ai jamais vue s'énerver ou se disputer avec quelqu'un. C'est vraiment une fille originale, mais elle est sympa.

Piste 19 – Activité 1 A3

Élève 1 - Oh ! Le pauvre Stéphane ! Il ne lui manquait que ça ! Stressé comme il est, il va essayer de recommencer l'expérience.

Élève 2 - Non, moi je le connais bien, tu sais. On discute souvent et ce n'est pas quelqu'un de stressé ni d'angoissé. Il est simplement perfectionniste, et un peu timide. Il préfère travailler seul. Alors, quand il y a un travail en groupe, c'est vrai qu'il panique un peu. Mais il est très gentil.

Piste 20 – Activité 2 A

Aurélie - Là, tu vois, c'est Karine, ma meilleure copine. On se connaît depuis l'école primaire. On passe tout notre temps ensemble. On s'entend très bien, son surnom c'est Miss Optimiste !

Correspondante - Et là ? C'est qui ce beau garçon ?

Aurélie - Ah ! Oui, c'est vrai, il est plutôt mignon. Lui, c'est mon cousin Marc. C'est le clown de la famille. Il est étudiant à Grenoble. Il est super motivé par ses études d'Histoire. Maintenant on s'entend pas très bien - il a un peu la grosse tête depuis qu'il est à l'université, un peu prétentieux, quoi...

Correspondante - Là, j'imagine que ce sont tes parents. Tu ressembles à ton père !

Aurélie - Oui, c'est François, mon père. On est assez complices. Il est sévère, mais on parle beaucoup. Mes parents ont divorcé. Martine, en fait, c'est sa deuxième femme. Elle est gentille et très ouverte, et moderne aussi.

Correspondante - Et eux, ce sont des amis ?

Aurélie - Non, c'est ma tante, la sœur de mon père et son petit ami ! Ils sont vraiment différents ces deux-là - elle est dynamique, joyeuse, sociable. Lui, il est pessimiste et toujours à l'ouest !!! Je ne m'entends pas très bien avec lui, mais bon !

Correspondante - Et ce petit garçon, c'est qui ?

Aurélie - C'est Dylan, mon petit cousin adopté par mon oncle et sa femme. Il a cinq ans, et il est très intelligent et super sage !

Correspondante - Et cette photo de groupe ?

Aurélie - Ouff ! Ça ce sont tous mes copains d'ici, du lycée, du quartier. Mais, t'inquiète pas, je te les présenterai samedi soir. Tu verras, ils sont trop cool . Cette photo, on l'a prise à mon anniversaire. Tu vois là...

Piste 21 – Activité 3 A

Bertrand, Rayan, Lucie et Leila étaient au musée d'Histoire Naturelle à Paris, pour préparer un exposé. Mais ils ne savaient pas que le gardien était en train de faire un dernier tour avant de partir. Installés dans une petite salle, les quatre amis n'ont pas entendu la grande porte principale se fermer.

Lucie - Vous avez entendu ce bruit ?

Leila - C'est sûrement le vent. On doit finir le travail. Allez ! Aide-nous !

Lucie - Non, regardez ! Tout le monde est parti ! Ahhhh !!! Ils ont éteint les lumières !

Bertrand - Génial ! On a le musée pour nous ! On peut aller dans toutes les salles. Suivez-moi !

Leila - On devrait plutôt trouver une sortie de secours. On ne se sépare pas et on ne touche à rien sinon les alarmes vont se déclencher.

Lucie - Qu'est- ce que c'est, là, qui brille ? Il y a quelqu'un ?

Leila - Je sais ! Allume ton portable Rayan. Il ne capte pas mais on va bien trouver une sortie avec la lumière de l'écran.

Bertrand - T'as raison, Leila !

Bertrand - Lucie, donne-moi ta main !

Lucie - Ah !! T'es nul, Bertrand! Je déteste tes blagues!

Bertrand - Mais non Lucie, c'était pour rire !

Boum !!!

Rayan- Aïe ma jambe !

Bertrand - Bon, il faut trouver une solution. Moi, ça ne me dérange pas d'explorer tout le musée. On pourrait rester ici jusqu'à demain, mais nos parents vont s'inquiéter.

Lucie - J'en ai marre ! Moi, je préfère déclencher une alarme et faire venir la police, plutôt que de passer la nuit ici avec des squelettes et des choses bizarres...

- Chut ! Taisez-vous ! Quelqu'un s'approche !

Piste 22 – Activité 5 A

Journaliste - Nous avons un premier message de Paul qui demande conseil à notre psychologue car il angoisse dans les espaces fermés.

Psychologue - Oui, alors, je dirais à Paul deux, trois petits trucs qui peuvent l'aider dans ces situations d'angoisse - d'abord, tu devrais respirer calmement pour diminuer toutes ces sensations physiques désagréables. À ta place, je prendrais une petite bouteille d'eau avec moi pour boire quelque chose de frais. Ensuite, j'expliquerais à mes amis comment je me sens dans un endroit fermé et ils comprendraient et en cas de besoin, ils t'aideraient rapidement si tu ne te sens pas bien. Et pour finir, au cinéma par exemple, pense à te placer près de la sortie.

Journaliste - Le deuxième courrier d'aujourd'hui est envoyé par Marine qui a un problème avec ses parents qui se disputent souvent, semble-t-il. Alors, quels conseils pour cette jeune fille ?

Psychologue - Eh bien, Marine, je comprends que tu ne supportes pas les disputes de tes parents. Mais tu devrais clairement leur parler à tous les deux, et en même temps. Tu pourrais leur dire que les problèmes d'adultes se règlent entre adultes. Ils devraient comprendre que tu ne peux pas et ne veux pas jouer le rôle d'arbitre. Tu devras aussi être patiente. À ta place, j'irais travailler chez une amie ou à la bibliothèque, par exemple. Enfin, voilà quelques conseils. Mais le plus important est de parler, communiquer avec tes parents pour éviter de mettre la pression sur toi. Courage, Marine !

Piste 23 – Activité 7 A

Hélène - J'ai rencontré Théo il y a deux ans. C'est un copain de mon frère. Il joue de la guitare dans son groupe de musique. Un jour, Théo est resté discuter un peu avec moi et on a bien rigolé. On avait beaucoup de points communs - la musique, les films, la même manière de voir les choses. Bref, on est sortis ensemble pendant toute l'année scolaire. Mais on faisait pas suffisamment de choses ensemble et puis il était tous les jours chez une copine à lui, Sandra. Il me disait que c'était juste une très bonne copine, mais moi, je ne supportais pas cette fille. Alors, on a cassé. En plus, on m'a dit qu'il aime bien une autre fille, Irène, et franchement je me demande bien ce qu'elle a de spécial cette fille !

Sandra - Théo et moi, on se connaît depuis l'école primaire. On habite dans le même immeuble et on va au même lycée. C'est comme mon frère ! En fait, c'est mon meilleur copain. Il y a six mois, il a connu Hélène. Mais il m'a dit que cette fille ne voulait pas qu'il passe du temps avec moi. Je trouve ça ridicule ! Heureusement Théo n'a pas changé et maintenant ils ne sont plus ensemble. Je crois qu'il est avec Irène. C'est une nouvelle fille du lycée que je ne connais pas très bien.

Irène - Théo est un garçon très sympa. On s'est rencontré au lycée. Je l'ai trouvé très amusant et ça a été le coup de foudre. Il m'a présenté sa meilleure amie, Sandra. Elle a l'air très gentille. Par contre, quand il me parle de son ancienne copine, le pauvre ! Elle ne le laissait rien faire ! Mais je trouve qu'il me parle un peu trop souvent d'elle ! J'espère que c'est complètement fini entre eux.

Piste 24 – Activité 9 A
1- rose / porte
2- bateau / aube
3- idole / idiot
4- dos / dort
5- gomme / gorge

Piste 25– Activité 9 B
1- cheveux / chaleur
2- sœur / cœur
3- fleur / veux
4- creux / beurre
5- il pleut / il pleure

Piste 26 – Activité 9 C
rose	gomme
château	manteau
rigole	pose
veux	pleure
cœur	sœur
bleu	fleur

Piste 27 – MATÉO ET ÉMILIE
Préparatifs
Émilie – Bon, premier jour ! Allez ! Je suis prête !
Matéo – OK, alors c'est parti pour 10km.
Émilie – Je ne sais pas si c'est une bonne idée que ça, cette #%## course !!!
Matéo – Mais si, tu verras ! Tu es parfaitement dans les temps !
Émilie – Salut ! Qu'est-ce que vous faites ?
Ami 1 – On prépare des panneaux pour t'encourager !
Ami 2 – Ça sert à ça, les copains !
Garçon 1 – Manu, tu sais ce qu'ils font, ceux-là ?
Garçon 2 – J'crois qu'ils parlent de la fille, là et de la course de VTT.
Manu – La ville sur le vélo, là-bas ? Me dis pas qu'elle pense la faire !
Garçon 2 – Avec son air de Barbie ! J'imagine qu'elle sait même pas descendre la rue !
Manu – Eh, c'est quoi, vos panneaux-là ?
Matéo – Ben, tu sais pas lire, Manu ! C'est pour la course de demain.
Émilie – Tu participes, toi aussi ?
Manu – Ouais, moi ouais ! Mais toi, dans tes rêves, tu participes !
Matéo – Qu'est-ce que c'est que ça ??? Un circuit de karting ? Un centre commercial ?
Émilie – Regarde le plan ! C'est dans la forêt ? Mais, c'est pas vrai !!!

BILAN 1 et 2

Piste 28 – Bilan 1et 2
Journaliste - Aujourd'hui, nous sommes avec Annie Bouvier, directrice du festival Campagne en fête. Annie, bonjour et merci de nous recevoir. Alors cette année, le festival fait une place aux jeunes talents, n'est-ce pas ?
Mme. Bouvier - Bonjour. Oui en effet. Nous savons que beaucoup de jeunes de la région font de la musique, de la danse ou d'autres activités artistiques... et nous avons voulu leur donner la possibilité de montrer leur talent.
Journaliste - Tout le monde peut participer ?
Mme. Bouvier - À partir de 15 ans, oui. Et c'est totalement gratuit.
Journaliste - Et comment ça se passe alors ?
Mme. Bouvier - Eh bien, il faut venir s'inscrire à l'office du tourisme entre le 10 et le 16, le matin uniquement. Ensuite nous programmons les dates et nous aidons chaque groupe ou artiste à monter sa scène, à s'organiser.
Journaliste - C'est super ça ! Ils ont de la chance les jeunes avec vous ! Et on pourra les voir quand ?
Mme. Bouvier - Ils seront programmés les après-midi, en général de 15 heures à 19 heures dans différents endroits de la ville.
Journaliste - Et on m'a dit que vous avez des invités de marque cette année...
Mme. Bouvier - Oui, c'est vrai. On attend John Mitchell par exemple qui donnera un concert le samedi soir, ça c'est le moment fort du week-end. Et puis il y a aussi Mariel Badin et Paul Pamal qui nous feront rire avec leurs sketches le mardi et le mercredi.
Journaliste - De belles soirées en perspective ! On rappelle les dates du festival avant de se quitter.
Mme. Bouvier - Oui, alors, le festival dure 5 jours et il a lieu à la fin du mois, du 27 au 31 à Mauriac bien sûr.
Journaliste - Merci Annie et bon festival !

UNITÉ 3

Piste 29 – Activité 2 A1
Metteur en scène - Bon, la table, mets-la au centre de la pièce. Les chaises maintenant... une derrière la table et l'autre à droite.
Assistant - C'est mieux à gauche, non ? Sinon, on ne voit pas le canapé.
Metteur en scène - C'est vrai, à gauche alors. Pose la bouteille et les 2 verres sur la table, au centre.
Assistant - D'accord. Je m'assieds sur quelle chaise ?
Metteur en scène - Assieds-toi derrière la table.
Assistant - Tu es sûr, c'est bien, là ?
Metteur en scène - Oui oui, c'est parfait**.**

Piste 30 – Activité 2 A2
Metteur en scène - Bien, tes vêtements sont sur le lit et la valise par terre.
Assistant - Euh... c'est pas très pratique pour mettre les vêtements dedans. Ce serait pas mieux de la mettre aussi sur le lit ?
Metteur en scène - T'as raison, c'est plus pratique. D'accord, pose la valise sur le lit. Les vêtements à gauche et la valise à droite.
Assistant - Et moi, je suis où ?
Metteur en scène - Devant l'armoire, tu prends des vêtements dedans. Ouvre bien les deux portes, on doit bien voir l'intérieur.
Assistant - Et le paquet cadeau ? je le mets déjà dans la valise ?
Metteur en scène - Non, tu le mettras dans la valise après. Pour l'instant, pose-le sur la commode.

Piste 31 – Activité 5 A
1-Marc est parti.
2-Arrête de dire des bêtises !
3-Tu me prêtes ton vélo ?
4-Pourquoi t'es en retard ?
5-Marc, Anne au téléphone !

Piste 32 – Activité 8 A1
Le père- T'as sorti Félix aujourd'hui ?
Sarah - Non, pas encore, j'ai pas eu le temps.
Le père - Tu te rappelles ce qu'on a dit, non ? Tu voulais un chien, d'accord, mais il faut t'occuper de lui.
Sarah - Ouais, mais j'en ai marre, c'est toujours moi ! C'est aussi le chien de toute la famille. Tania joue avec lui, elle pourrait aussi le sortir.
Le père -Peut-être, mais c'est TON chien, c'est TA responsabilité.
Sarah - Pfff, c'est pas juste !
Le père -Sarah, ça suffit ! C'est ton chien, tu le sors, un point c'est tout !

Piste 33 – Activité 8 A2
La mère -Sarah, je t'ai déjà dit non.
Sarah - Mais maman...
La mère - Il n'y a pas de mais maman... Écoute, je trouve que cinq euros par semaine, ça fait déjà beaucoup. C'est plus que suffisant.
Sarah - Mais je peux rien acheter avec ça !

La mère -Ton problème, c'est que tu veux tout, tu ne sais pas choisir. Il faut apprendre à faire avec ce que tu as.
Sarah - Tu parles, 5 euros c'est ridicule ! Mes copines, elles ont plus !
La mère -Je suis contente pour elles !
Sarah - Allez, sois sympa !
La mère - Sarah, tu arrêtes une bonne fois pour toute ! Et n'insiste plus sinon, je te supprime ton argent de poche !

Piste 34 – Activité 8 A3
La mère - Allô chéri, c'est moi. Tu es où ?
Le père - Au bureau, pourquoi ?
La mère - Comment ça au bureau ? Je t'attends moi ! On va chez Paul et Annick ce soir, tu te rappelles ?
Le père - Oh zut, c'est vrai ! J'avais complètement oublié !
La mère - Bon, si tu viens maintenant ça va. Je les appelle pour les prévenir.
Le père - C'est que je peux pas y aller, moi hein, j'ai trop de boulot là.
La mère - Ah non ! Tu exagères ! On a déjà annulé la dernière fois. Tu peux pas finir ton travail demain ?
Le père - Non, non, c'est urgent, je dois absolument finir ce soir. Appelle-les pour annuler . Dis-leur de venir chez nous demain soir.
La mère - Alors là, non ! C'est hors de question ! Si tu annules, c'est toi qui les appelles !
Le père - S'il te plaît, chérie ! J'ai pas le temps moi !
La mère - Eh bien, tu le trouves, le temps !

Piste 35 – Activité 9
1
A - Tu y vas, un point c'est tout !
B - Allez, vas-y maintenant !

2
A - Vraiment, là, tu exagères !
B - Tu as pas un peu dépassé les limites, non ?

3
A - Te prêter la voiture ? Tu rigoles !
B - Te prêter la voiture ? C'est hors de question !

4
A - Tu descends une bonne fois pour toute !
B - Allez, descends, s'il te plaît !

5
A - Ne reste pas là, sors maintenant.
B - Ça suffit maintenant, sors d'ici !

Piste 36 – MATÉO ET ÉMILIE
Le jour J
Garçon 1 – Alors, Manu ? Tu crois qu'elle va vraiment faire la course, cette fille ?
Manu – Mais non ! Y' a que des mecs qui font du VTT.Regarde la liste des participants !
Garçon 2 – Ouais, elle aurait trop peur de se salir...

Le jour J arrive. Tout le monde est là : les participants, les amis d'Émilie et de Matéo, le maire, les parents, des représentants de l'association « Vert, l'espoir de notre planète » et même des journalistes.

Matéo – Dis, Sami, tu connais la fille, là-bas ?
Sami – Ouais, c'est Léa, la sœur de Manu. Pourquoi ?
Matéo – Non, pour rien. Pour savoir, c'est tout.
Manu 1 – Allez les gars ! On la rattrape !
Coureur 2 – Faut pas qu'elle arrive à la rivière avant nous !
Émilie – Ils commencent à m'énerver, ceux-là !!!

Piste 37 – Activité 1 D
L'adolescence est une période de croissance importante dans laquelle les besoins en protéines, en vitamines et en minéraux augmentent beaucoup.
Il est donc indispensable de manger correctement, d'avoir une alimentation variée et surtout, équilibrée.

Comment manger correctement ?
On peut regrouper les aliments en familles dans lesquelles il faut se servir tous les jours mais en quantités différentes.
La première famille est celle des fruits et légumes qui t'apportent les vitamines, les minéraux et les fibres. Il faut en manger au moins cinq par jour. L'idéal est d'en manger à chaque repas. Selon tes goûts, mange des pommes, des oranges, des fraises, des kiwis, des bananes, des haricots, des carottes, du concombre, des tomates, de la salade, etc. Et si tu n'aimes pas beaucoup les légumes, alors mange encore plus de fruits !

La famille des féculents ensuite. C'est-à-dire le pain, le riz, les pâtes, le maïs, les pommes de terre et les légumes secs comme les lentilles. Ils contiennent des glucides qui te donnent l'énergie pour faire fonctionner ta tête et tes muscles. Tu peux en manger à chaque repas autant que tu veux, mais évite de mettre trop de sauce.

Après, il y a le lait et les produits laitiers. Ils contiennent le calcium qui te permet de grandir et d'avoir des os solides. Manges-en trois ou quatre portions par jour. Tu peux mixer le lait avec des fruits, tu verras, c'est délicieux !

Il te faut aussi des protéines pour entretenir ta peau, tes muscles et les organes comme le cœur et le cerveau. Tu les trouveras dans la viande, le poisson, les œufs... La viande et le poisson contiennent aussi du fer qui te permet de ne pas être fatigué. Essaie de consommer du poisson au moins deux fois par semaine.

Attention aux matières grasses comme l'huile et le beurre, elles sont utiles, mais doivent être consommées en petites quantités, sinon bonjour les kilos !

Et pour terminer, les produits sucrés comme les sodas, les glaces, le chocolat, les petits gâteaux, ... ils doivent être consommés avec modération. Ils sont délicieux, c'est vrai, mais ils sont aussi très caloriques et peuvent abîmer tes dents.

Et pour accompagner tout ça, il te faut de l'eau. Tu peux en boire à volonté, ton corps a besoin d'environ deux litres par jour alors ne te prive surtout pas !

Eh bien sûr, il ne faut pas oublier qu'une activité physique régulière est complémentaire et aussi indispensable à une bonne alimentation pour être en forme.

Piste 38 – Activité 2 A
Julien - Tu mets quoi dans la salade ?
Antoine - Euh, ... des pommes de terre, des grosses, mets-en quatre. Il faut aussi quatre ou cinq poignées de salade verte et un demi camembert. On a tout ça ?
Julien - Oui, ça va, il n'y a plus beaucoup de salade, mais c'est bon. Autre chose ?
Antoine - Bon, pour la sauce, il faut deux cuillères à soupe d'huile, 3 cuillères à café de vinaigre, 2 cuillères à café de moutarde, du sel et du poivre et c'est tout.

Piste 39 Activité 3 A1
Journaliste - Quelle est la partie de ton corps que tu préfères ?
Fiona - Moi ? Je sais pas trop... mes yeux, j'aime bien leur couleur.
Journaliste - Si tu devais changer une partie de ton corps, tu changerais laquelle ?
Fiona - Ben, je ne suis pas parfaite, mais ça va. Ou alors, mes jambes, peut-être elles sont petites. Mais bon, c'est pas très grave.

Journaliste - Que penses-tu de la chirurgie esthétique ?
Fiona - Ça peut être utile pour quelqu'un qui a un problème grave ou qui a eu un accident, mais sinon, je trouve ça assez nul.
Journaliste - Quand tu passes devant un miroir ou une vitrine, tu te regardes ?
Fiona - Ben... le matin, dans la salle de bains, oui... et sinon, dans la rue, ouais... de temps en temps, mais pas toujours.
Journaliste - Tu aimes bien te voir en photo ?
Fiona - Ouais, c'est rigolo ! Et j'aime bien avoir des souvenirs de moi, de mes amis, c'est sympa.
Journaliste - As-tu déjà fait un régime ?
Fiona - Non. Je devrais ? Vous me trouvez grosse ?

Piste 40 Activité 3A.2
Journaliste - Quelle est la partie de ton corps que tu préfères ?
Jérémy - Mes pieds, je les trouve beaux !
Journaliste - Si tu devais changer une partie de ton corps, tu changerais laquelle ?
Jérémy - Non, aucune, je me trouve bien comme je suis.
Journaliste - Que penses-tu de la chirurgie esthétique ?
Jérémy - Hum, je trouve que les personnes opérées ont toutes la même tête, c'est idiot !
Journaliste - Quand tu passes devant un miroir ou une vitrine, tu t'regardes ?
Jérémy - Ça dépend... s'il y a des gens avec moi, non.
Journaliste - Tu aimes bien te voir en photo ?
Jérémy - Ça ne me gêne pas, si les photos sont belles, c'est bien. Sinon...
Journaliste - As-tu déjà fait un régime ?
Jérémy - Oui, il y a deux ans. J'avais un problème de poids car je mangeais trop de sucreries. Maintenant ça va, c'est passé, mais je fais attention quand même. Et j'ai recommencé à faire du sport.

Piste 41 Activité 3A.3
Journaliste - Quelle est la partie de ton corps que tu préfères ?
Chloé - Oh la la, la question ! Aucune !
Journaliste - Si tu devais changer une partie de ton corps, tu changerais laquelle ?
Chloé - Ah oui ! Mes oreilles, elles sont beaucoup trop grandes ! C'est horrible !
Journaliste - Que penses-tu de la chirurgie esthétique ?
Chloé - Ben justement, si mes parents étaient d'accord, je me ferais bien refaire les oreilles plus petites tout de suite !
Journaliste - Quand tu passes devant un miroir ou une vitrine, tu te regardes ?
Chloé - Ouais, mais bon... j'aime pas trop ça, en fait.
Journaliste - Tu aimes bien te voir en photo ?
Chloé - Ah non, j'ai horreur de ça ! Je suis toujours horrible sur les photos.
Journaliste - As-tu déjà fait un régime ?
Chloé - Vous voulez dire pour maigrir ? Non, jamais, mais j'y pense des fois.

Piste 42 – Activité 7.A
Bonjour et bienvenus à notre rendez-vous hebdomadaire Les bonnes recettes de Mamie Fée. Aujourd'hui, notre émission est consacrée aux petits problèmes esthétiques des ados. On écoute les messages que vous avez laissés sur notre répondeur.

1. Bonjour, c'est Claire de Paris. Mon problème est que mes dents ne sont pas très blanches même si je ne fume pas et que je me brosse les dents tous les jours. Qu'est-ce que je peux faire ?

2. Salut ! bon, je sais pas si vous pouvez m'aider... j'ai beaucoup de boutons et de points noirs, c'est horrible ! J'ai essayé des crèmes et des lotions, mais ça ne marche pas... Vous avez un truc ?

3. Bonjour, je vous appelle pour savoir si vous avez une bonne recette contre les yeux cernés. Les cosmétiques sont super chers !

4. Bonjour Mamie Fée, d'abord, merci pour votre émission que j'écoute souvent et que je trouve très intéressante . J'ai appris

beaucoup de choses. Voilà, ma fille a attrapé des poux au lycée et peut-être que vous avez une bonne recette comme d'habitude ?

Piste 43 – Activité 8.A
0 bouche
1 bouge
2 déjà
3 agence
4 chose
5 joue
6 léger
7 cache

Piste 44 – Activité 8.B
1 fiche
2 âgé
3 lécher
4 masse
5 cher
6 gens

Piste 45 – MATÉO ET ÉMILIE
Matéo mène l'enquête
Manu – Alors, tu voulais participer à la cours, hein ? Tu vas voir ! Fini pour toi !
Émilie – Mais t'es fou !!! Aïe !!! Ah, ah, aïe !
Mère d'Émilie – Ma chérie ! On n'aurait pas dû te laisser faire cette course.
Émilie – Mais non, Maman ! C'est pas votre faute. C'est Manu et sa bande !
Matéo – Tu vas voir, on va prouver que c'est lui qui t'a poussée. Bon, pour pouvoir accuser Manu, il nous faut des preuves.
Amie – Ouais, il peut pas s'en tirer comme ça.
Ami – Et si on cherchait sur le circuit de la course ? Vous avez trouvé quelque chose ?
Amie – Rien
Matéo – OK ! Je vais aller chez Émilie pour voir comment elle va. Ouh, le pauvre vélo est bon pour la réparation ! Qu'est-ce que c'est que ça ? Ça alors ! C'est pas la montre d'Émilie !

BILAN 3 et 4

Piste 46 – Bilan 3 et 4
Père - Hugo ? Viens voir ici s'il te plaît !
Hugo - Oui...
Père - C'est quoi ça ?
Hugo - Ben... c'est mon bulletin de notes.
Père - Effectivement, et tu as vu tes notes ?
Hugo - Euh... oui.
Père - C'est un désastre, tu sais. Comment tu m'expliques ça ... ?
Hugo - Ben, je sais pas, c'est pas ma faute, c'était très difficile ce trimestre.
Père - Difficile ? Ah bon ? Tu es sûr que c'est pour ça que tes notes sont catastrophiques ?
Hugo - Ben ouais, c'était plus dur, c'est vrai.
Père - Moi je crois plutôt que tu as moins travaillé.
Hugo - Ah non ! C'est pas vrai ça ! J'ai étudié tous les jours !
Père - Tu as étudié tous les jours devant la télé, oui ! Et on t'a laissé sortir presque tous les week-ends avec tes amis. Avec ta mère on voulait voir si on pouvait te faire confiance et voilà le résultat !
Hugo - Ça va, c'est pas un drame non plus, t'exagères !
Père - J'exagère ? Tu as de bonnes notes seulement en sport et en musique !
Hugo - J'ai presque la moyenne en français...
Père - Ah, ça suffit Hugo ! À partir de maintenant, tu feras tes devoirs dans ta chambre, sans la télé. Et pour les sorties, on verra, mais pour l'instant, il n'y a plus de sorties !
Hugo - Oh non P'pa ! C'est l'anniversaire de Manu samedi.
Père - Ça m'est égal.
Hugo - Allez, sois sympa ! J'te promets que j'vais faire un effort.

Père - C'est trop tard Hugo, on en reparlera quand tu auras des notes correctes.

Hugo - Oh non ! T'es pas cool !

Père - Hugo, je te dis pas de sorties pour l'instant, un point c'est tout !

UNITÉ 5

Piste 47 – Activité 2 D

Journaliste - en direct de Bruxelles, notre correspondant Marc Reno. Bonjour Marc... Vous avez des nouvelles après cette terrible catastrophe naturelle au Pérou, hier et qui a fait de nombreuses victimes...

Marc - Oui, bonjour, l'Union Européenne a trouvé un accord pour envoyer de l'aide aux victimes du séisme au nord du Pérou. 150 médecins, 3 contingents de pompiers spécialisés dans les recherches de survivants, 8 bateaux chargés de matériel de première nécessité - couvertures, médicaments, matériel d'hôpital... D'après le porte-parole de l'Union, les pays membres se félicitent pour cette action commune à si grande échelle.

Journaliste - Nous revenons sur le territoire français, avec un bilan positif concernant la sécurité routière et nos habitudes au volant. Laure, c'est à vous.

Laure - Oui, Eh bien, effectivement. En France, 25 ans après l'installation des premiers radars sur les routes, les automobilistes ont nettement réduit la vitesse de conduite sur les autoroutes et sur les routes nationales. Le résultat est encourageant puisque le nombre de victimes de la route est en constante di-mi-nu-tion. Éducation, prévention et sanction semblent être un mélange efficace pour sauver des vies. Continuons !

Journaliste - Et nous terminerons notre flash info par cette nouvelle de Bretagne - un bateau a déversé plus de 32000 tonnes de pétrole au large des côtes bretonnes. Les experts estiment que cette nouvelle marée noire va détruire plus de 400km de côte et va entraîner la mort de centaines de milliers d'oiseaux et de poissons. Un désastre écologique qui met en colère les habitants de la région et de nombreux volontaires de toute la France venus aider au nettoyage.

Piste 48 Activité 3 C1

– Tu te rends compte ! Ils veulent nous faire croire que s'ils commencent la guerre, c'est pour le bien des gens ! C'est n'importe quoi !

– Je sais, tu as totalement raison.

– (Tous) Non à la guerre, oui à la paix ! Non à la guerre, oui à la paix ! Non à la guerre, oui à la paix ! ...

Piste 49 – Activité 3 C2

– Oui, oui, j'y suis. Mais je ne t'entends pas très bien. Y'a des milliers de gens autour de moi. Je suis à la Place de la République.

– D'accord ! J'arrive dans 15 minutes.

– OK, je suis à côté d'une énooorme banderole qui dit « Contre le racisme, pour l'amitié entre les peuples ». Elle est tellement grande que je suis sûre que tu la verras.

Piste 50 – Activité 3 C3

Journaliste - Ici Radio France - Nous sommes au milieu de cette immense mobilisation dans les rues de Toulouse. Monsieur, pourquoi participez-vous à cette manifestation aujourd'hui ?

Homme - Pourquoi ? Parce que je suis en colère, Madame ! Ça suffit ! Je me suis battu toute ma vie pour que l'école soit publique, gratuite et accessible à tous dans les meilleures conditions possibles ! Et voilà que petit à petit tout se dégrade et personne ne fait rien. Alors je dis STOP ! Et je suis content de voir que nous sommes nombreux aujourd'hui à nous réveiller !

Piste 51 – Activité 5

Lucie dit à Louis - Bonne nuit, mon petit.

Trois petites truites cuites sont dans l'huile.

Louise voit des tortues sur un trottoir étroit qui s'enfuient.

Tu as soif ? Moi, je bois du jus de fruit.

Piste 52 – Activité 6 A

Jessica - Bonjour, si on me demande ce qui ne va pas très bien dans mon pays, qui est l'Espagne, je pense à un thème d'actualité - je crois qu'il y un problème pour les femmes qui veulent travailler et avoir des enfants. Je vois que tout le monde court, court pour trouver quelqu'un de la famille ou une nourrice pour garder les enfants toute la journée, à cause des horaires de travail des parents. J'imagine des solutions assez faciles - par exemple travailler moins tard les après-midi, jusqu'à 4 ou 5h, puis construire plus de garderies publiques, ou mieux développer le travail à domicile. Enfin, ça ne me semble pas si difficile que ça !

Fadia - Moi, je dirais que dans mon pays ça va mieux petit à petit. Mais ce qui est compliqué au Maroc, c'est d'avoir assez d'argent pour faire vivre toute la famille - les salaires sont bas, alors tout le monde doit travailler - moi, j'ai 14 ans et je dois aider mon père au magasin tous les jours après le collège. Mon frère, qui a 16 ans, il a arrêté l'école pour aller travailler. C'est dommage ! Les jeunes ne peuvent pas tous étudier. La solution, c'est de donner des salaires plus élevés aux adultes pour que les jeunes continuent leurs études au lieu d'aller travailler.

Anaïs - pour nous les jeunes, en France c'est aussi difficile. Tout le monde étudie pendant longtemps à l'université ou ailleurs, et puis la réalité à la fin des études, c'est qu'on ne trouve pas du travail immédiatement. Je crois qu'il faudrait développer les études techniques, valoriser les stages, les apprentissages, les études courtes mais très utiles. Vous savez qu'il manque beaucoup de boulangers, de plombiers et d'électriciens ? Il faudrait plus d'enseignement professionnel et équiper les lycées avec du matériel utilisé dans les entreprises.
Il y a autre chose aussi qui m'inquiète - c'est le racisme dont certains sont victimes, au lycée ou quand ils sortent avec leurs amis. C'est vraiment nul ! Il faut absolument éduquer les enfants, et les adultes aussi, pour que tout le monde puisse vivre en harmonie. C'est le rôle de l'école, mais on peut aussi proposer des activités culturelles, des journées internationales pour que les gens se connaissent. Ça, c'est le travail des municipalités, non ?

Piste 53 – MATÉO ET ÉMILIE
Résultats

Léa – La pauvre ! En plus, elle s'était entraînée tous les jours.

Matéo – ... Et donc elle a fini la course à l'hôpital. C'est vraiment pas juste.

Léa – Mais pourquoi as-tu la montre de mon frère ?

Matéo – C'est la montre de Manu ? T'es sûre ?

Léa – Certaine, on lui a offert pour son anniversaire.

Matéo – Oui, monsieur, on a la preuve que c'est Manu qui a poussé Émilie.

Directeur – Dans ce cas, la coupe lui sera évidemment retirée et il sera interdit de course pour la prochaine édition.

Matéo – Voilà les dernières !

Émilie – Super Matéo ! Merci pour votre aide les copains ! Et tu sais quoi ? Le club *Les deux roues* veut monter une équipe mixte pour la prochaine course, c'est pas une bonne nouvelle ça aussi ?

Matéo – Tout ça doit paraître dans le spécial du dimanche. J'espère qu'ils vont mettre les photos aussi !

Léa – Ils sont bien, tes deux articles. Tu sais, j'ai parlé avec mon frère et je pense qu'il commence à comprendre.

Matéo – Merci Léa. Heureusement que tu nous as aidés.

Léa – Je ne supporte pas la triche et franchement, mon frère a exagéré cette fois.

Matéo – Il est allé trop loin, c'est sûr.

Piste 54 – Activité 9 B

Journaliste - Bonjour, tu veux bien nous dire ton prénom, ton âge. Qu'est-ce que tu penses du téléchargement payant ? Est-ce que toi, tu télécharges de la musique d'Internet ?

Laura - Oui, je m'appelle Laura et j'ai 15 ans. J'ai vu le guide Adopte la Net Attitude l'autre jour à la bibliothèque. Euh... Oui, je sais que ce n'est pas légal. En fait, moi, ce que je fais c'est que j'utilise Internet pour chercher des chansons qui me plaisent et je les écoute, mais je ne les copie PAS sur mon ordinateur. C'est parce que je préfère pas télécharger des trucs qui risquent de me mettre des virus...c'est l'ordinateur de ma mère, alors, vous comprenez...
Et puis, je comprends que les artistes perdent de l'argent avec le téléchargement gratuit. Si les sites payants permettent d'acheter les chansons pour, je sais pas moi heu, 50 centimes, ou 1 euro, j'imagine qu'on peut tous payer.

Journaliste - Merci. Nous avons à tes côtés, un jeune homme qui s'appelle ... ?

Alexandre - Alexandre, j'ai 17 ans.

Journaliste - Alexandre, que penses-tu de ce guide de la Net attitude ?

Alexandre - Eh bien, je suis contre. Vous savez pourquoi ? Parce que le prix des Cds ne baisse absolument pas ! Vous pensez que nous, les ados, on peut payer 15 ou 18 euros pour un album ? C'est trop cher ! Moi, je crois que la culture devrait être accessible à tous, et la musique, c'est de la culture, non ? Alors, quand ils baisseront les prix, je penserai à payer la musique sur Internet. En plus, j'échange de la musique, je ne la vends même pas !

Journaliste - Notre dernière intervention, ici, dans notre studio, sera pour vous, monsieur ?

Médhi - Oui, bonsoir, je m'appelle Médhi et j'ai 23 ans. Pour moi, le problème se pose à l'envers. Est-ce que les artistes reçoivent vraiment une quantité suffisante pour leur travail ou bien ce sont les intermédiaires commerciaux qui gagnent le plus ? Je suis moi-même musicien, et je crois que le guide est une bonne initiative. Si on le distribue dans les collèges, les lycées, dans la rue, et qu'on explique clairement que payer un petit peu permettra aux artistes de contribuer à créer des albums, je pense que les jeunes accepteront.

Piste 55 Activité 10 B

Mon expérience à l'emission *Jeune artiste de demain*Oh ! Je dirais que c'est un mélange de moments positifs et négatifs - je me suis présentée parce que j'adore chanter. J'ai réussi les deux premières phases de sélection mais pas la dernière. Je n'ai pas du tout aimé l'attitude des autres candidats - hypocrites et vraiment prêts à tout pour éliminer les autres.
Par contre, les profs étaient très sympas et humains. J'ai beaucoup appris en technique de chant et en interprétation. Leurs conseils me sont encore très utiles aujourd'hui.
Les meilleurs moments, ça a été de chanter sur scène, bien sûr - le stress, l'émotion, la volonté de faire de mon mieux, pour moi et ma famille qui m'a tant aidée.
Ce qui est difficile, c'est d'accepter les critiques dures, cruelles parfois et de rester optimiste. Et puis, la déception, évidemment, quand je suis partie. Mais c'est le jeu, et on connaît les conditions avant de participer.
Maintenant, j'en garde un bon souvenir !

Piste 56 - MATÉO ET ÉMILIE
Tout est bien qui finit bien

Maire – Oui, je vous dis qu'en 24 heures, ils ont réuni plus de 20 000 signatures ! Oui, je sais il y a une manifestation de prévue...

Matéo – Vous avez vu qui va venir au concert pour défendre la forêt ?

Léa – Non, qui ça ?

Ami – Les *Maxim Band* et Julienne Contrera ! Tu te rends compte ?

Léa – Allez Manu ! Tu pourrais nous aider et participer à l'organisation avec tous les autres. Ils sont sympas, tu sais !

Manu – Pour faire quoi ? J'sais ... Après la course, ils voudront pas...

Matéo – Hé Manu, tu m'aides à l'accrocher ?

Manu – Ouais, deux secondes, j'arrive !

Journaliste – La forêt de Bacadi n'est donc plus menacée, monsieur le maire ?

Maire – Face à la mobilisation générale, le projet de construction ne peut pas continuer. Alors, pour répondre clairement : oui, nous conservons notre forêt pour les futures générations de notre ville !

Émilie – Ils t'ont vraiment interdit de course pour l'année prochaine ?

Manu – Ouais... Y'a rien à faire. Ton intervention n'a servi à rien. Mais merci quand même, c'était cool de ta part !

Émilie – Écoute, ce n'est jamais qu'une course ! Et si en attendant tu t'inscrivais au club ? On pourrait s'entraîner ensemble et tu aurais peut-être une chance de me battre !!!

BILAN 5 et 6

Piste 57 – Bilan 5 et 6

Alix - Salut Djem, salut Léa!

Djem et Léa - Salut Alix, ça va ?

Alix - Ouais, pas mal. Alors, la manif d'hier, c'était comment ?

Djem - Bien, bien... on était nombreux, c'est bien.

Alix - Ah oui ? Combien ?

Léa - D'après les organisateurs, plus de 1000 ! Tu te rends compte ! Mais bien sûr, seulement 700 d'après la police !

Alix - Wouah, c'est super ! Ça veut dire que ceux du Lycée Paul Éluard sont venus aussi, cool !

Djem - Ouais..., ils étaient beaucoup et en principe, pour la manif de la semaine prochaine, ils seront encore plus nombreux.

Alix - Et les profs ?

Léa - Ils étaient 2 ou 3, pas plus... Mais c'est pareil, la semaine prochaine, ils viendront presque tous, ils ont décidé de nous soutenir.

Djem - Normal, eux aussi, ils en ont assez des classes surchargées, 35 élèves par classe, c'est pas possible !

Alix - Bon, c'est bien, bonnes nouvelles tout ça ! Euh... on en reparle à la cantine ? Je dois y aller là...

Léa - Ok, on se voit à midi, salut Alix.

Alix - Salut !

Djem - Euh... attendez, moi je ne mange pas ici aujourd'hui, mais on se voit à la réunion de ce soir pour préparer la manif de la semaine prochaine. Tu vas venir Alix ?

Alix - Oui c'est bon, je serai là. À ce soir Djem.

Djem - À ce soir !

Pourquoi pas !
Livre de l'élève - Niveau 3

Auteurs
Michèle Bosquet, Yolanda Rennes

Conseils pédagogiques
Neus Sans

Coordination éditoriale
Philippe Liria

Rédaction
Lucile Lacan, Philippe Liria

Correction
Sarah Billecocq

Conception graphique, mise en page et couverture
Enric Font

Documentation
Coryse Calendini, Olga Mias

Enregistrements
Coordination : Marie-Laure Lions-Oliviéri, Philippe Liria - **Studios d'enregistrement** : RRC Multimedia et Blind Records

© Les auteurs et Difusión, Centre de Recherche et de Publications de Langues, S.L., 2009

Réimpression : novembre 2016
ISBN édition internationale 978-84-8443-532-7
ISBN édition espagnole 978-84-236-6990-5
Dépôt légal B 865-2012
Imprimé dans l'UE

www.emdl.fr